El poder invisible de
las velas

Plinio Da Souza

El poder invisible de
las velas

grijalbo

IMPRESO EN U.S.A

El poder invisible de las velas

Diseño de tapa: Diego Linares
Diseño de interior: Gisela Aguirre
© Plinio Da Souza

©2003, Editorial Sudamericana S. A.®
Humberto Iº 531, Buenos Aires

ISBN: 950-28-0295-0

Publicado por Grijalbo S. A.
Bajo licencia de Editorial Sudamericana S. A.®

Introducción

La vela representa el fuego.

La vela nos habla de fuerza y regeneración; de protección, poder, energía y creatividad.

La luz de la vela nos libera: nos abre el corazón, amenaza a la fiera que llevamos dentro, brindándole sosiego al alma.

Al encender una vela establecemos una conexión entre el cielo y la tierra, damos luz a otros y a nosotros mismos.

La vela es el medio que utilizamos para enviar un mensaje del que siempre obtenemos una respuesta.

La adivinación tiene un profundo sentido místico. Como indica el significado mismo de la palabra, se trata del "contacto con lo divino". El principal objetivo de este arte es dominar el poder de la naturaleza para saber quiénes somos y conocer qué nos deparará el futuro. La posibilidad que tiene el hombre de dominar el fuego para conocer su destino es uno de los grandes descubrimientos de la humanidad. A través de los siglos, el arte de la adivinación ha sido enseñado y transmitido de boca en boca, de generación en generación.

En este libro queremos compartir con usted los secretos de la magia con velas, sus rituales, la correspondencia entre las velas y la astrología, la relación con los ángeles y, así, adentrarnos en el lenguaje predictivo de este maravilloso arte milenario.

¿Qué es la velomancia?

La velomancia es una actividad mágica por medio de la cual es posible predecir el futuro, modificar el presente o indagar el pasado. El elemento utilizado como *transmisor* son las velas o la cera derramada por aquéllas.

Siendo un arte autónomo, genera cambios por sí mismo. Sin embargo, puede combinarse con otras mancias —como el tarot, la astrología, la cromoterapia o el Feng shui— para hacerse más efectivo. Muchas personas también relacionan la velomancia con su devoción a santos, vírgenes y ángeles.

Técnicas de adivinación

La adivinación por medio de velas es muy simple en su técnica, pero necesita por parte de quien la practica de una fuerte fe y convicción. La simpleza del trabajo con velas permite admirar la belleza de la magia que irradian.

La diversidad de aspectos que ofrecen los cirios como sistema adivinatorio es notable. Los métodos se distinguen entre sí por su objeto de estudio. Algunos de los procedimientos más utilizados son:

La Observación Final: esta variante de la magia con velas consiste en la lectura de los restos de los cirios. Lo que se estudia es la forma resultante de la cera, cuando se consume la vela y se apaga el fuego.

Si bien es recomendable que el propio interesado sea quien efectúe el encendido de la vela —es de suma importancia la fe que se proyecta durante el ritual— en ocasiones el encendido puede ser realizado por un tercero, adecuadamente preparado.

En cuanto a la lectura de los restos, salvo en el caso de figuras muy nítidas, recomendamos consultar a especialistas, pues se corre el riesgo de llegar a conclusiones erróneas ante diseños velománticos ambiguos o confusos.

La Percepción del Aura de Fuego: consiste en observar y analizar el movimiento, la intensidad y el color de la llama de la vela.

La Percepción Ceromántica Total: se realiza dejando caer sobre una superficie lisa gotas de cera derretida.

¿Qué es un ritual?

En principio, es de suma importancia aclarar la diferencia entre los rituales y la velomancia que, pese a complementarse, no son lo mismo. Por ejemplo: se enciende una vela, se deja quemar y, según la forma que queda en sus restos, se interpreta cuál es el problema y qué influencia tendrá en el futuro. Esto es un acto de velomancia. Sobre la base de la velomancia, se establece un ritual, acorde con la dificultad aparecida, y se formula el pedido. Un ritual es una ceremonia que responde a un pedido concreto, sobre asuntos específicos. De allí la cantidad de variantes que encontramos en las formas, colores, inciensos o la variedad de velas angélicas, figuras religiosas y velas zodiacales utilizadas para contar con la ayuda de seres sobrenaturales.

Ya mencionamos que si bien los rituales se pueden hacer para pedir por uno mismo o por terceros, es recomendable llevar a cabo el ritual sin intermediarios, ya que de ese modo se facilita el fluido de la energía y la magia que esconden las velas. El ritual es un acto íntimo, lleno de aspectos singulares, tan personal que podría decirse que existe un ritual para cada ser humano.

En este libro usted encontrará todos los pasos para realizar un ritual, la preparación del mismo y algunos consejos para que sus rituales tengan el poder adicional de su estilo, su esfuerzo y su concentración personales.

La vela y los cuatro elementos

Cada vela contiene en su esencia los cuatro elementos principales: Tierra, Aire, Agua y Fuego. El elemento Tierra, pues los cirios han sido elaborados a partir de ella; el elemento Fuego, cada vez que se enciende una vela; el elemento Aire, representado por el humo que se desprende, y el elemento Agua, simbolizado por la cera que al derretirse pasa del estado sólido al líquido.

Cada elemento representa una cualidad determinada de nuestra personalidad, por lo que cada uno de ellos puede ofrecer fuerza a un área específica de nuestra vida. A la hora de realizar nuestros rituales, representamos cada uno de los elementos por separado, a través de una vela del color correspondiente, según el pedido concreto que se desee realizar.

El **elemento Tierra** –representado por una vela verde o marrón– se utiliza cuando la persona necesita tomar una decisión importante, o cuando se siente incapaz de aprovechar una oportunidad sumamente enriquecedora. La Tierra simboliza el orden en todos los aspectos de la vida, tanto material como espiritual.

Para invocar al **elemento Aire** encendemos una vela roja y otra amarilla, colocando a su alrededor plumas, pajarillos de cerámica o cualquier otro objeto relacionado con el aire. Las personas con predominio de Aire en su carácter son por lo general comunicativas, entusiastas, abiertas a nuevas posibilidades y con un importante poder de persuasión sobre los demás.

Para realizar un ritual que atraiga el **elemento Fuego** debe elegirse una vela naranja o dorada. Estas velas se utilizan en los rituales cuando necesitamos energía o inspiración, en momentos de melancolía o de depresión anímica. Es interesante destacar el poder destructivo del fuego –un arma de doble filo en algunos rituales– así como su lado positivo –tiene la potencia de eliminar del pasado los recuerdos que no nos resultan agradables–. Las personas con influencia sobre el elemento Fuego son dinámicas, muy independientes y capaces de enfrentar las situaciones más arriesgadas.

El **elemento Agua** está íntimamente relacionado con los sentimientos. Invocaremos a este elemento cuando la persona se encuentre en un momento sentimental de gran agitación o inestabilidad, cuando esté sufriendo por amor o necesite reavivarlo. El agua es un elemento femenino y representa el amor y los buenos sentimientos; por lo tanto, promueve las relaciones personales, tanto las de pareja como las de amistad.

Los individuos en cuya personalidad predomina este elemento son intuitivos y sumamente sensibles.

El fuego y su significado para la humanidad

Encender una vela no es un acto trivial. Casi siempre lo hacemos por algo o para algo. Así era entre nuestros antepasados, así lo hacemos ahora.

No se trata de jugar con fuego alegremente, sin ninguna finalidad. Desde los albores de los tiempos el fuego ha tenido un vínculo muy estrecho con la humanidad, el que se ha manifestado de muchas y diferentes formas. Fue adorado y utilizado en las primeras expresiones de signo religioso cuando la llama era considerada como la expresión material de una divinidad. Mucho se ha hablado de él y de cómo llegó a la humanidad en casi todas las mitologías. Para los griegos, Prometeo robó la llama del monte Olimpo para entregársela a los humanos. También los griegos rendían culto a Hefesto, dios del fuego; los celtas oraban a Bridget, diosa del fuego, del hogar y la fertilidad. Ya Empédocles, filósofo griego del siglo V a.C., consideró el fuego como uno de los cuatro elementos de los que están compuestas las cosas, siendo los otros tres la tierra, el aire y el agua.

Esa íntima comunión entre el fuego y los seres humanos ha pervivido hasta nuestros días, llegando a convertirse en el motivo principal de ciertas celebraciones. Por ejemplo, en algunos pueblos de España, la noche del 16 de enero se celebra una fiesta en honor a San Antón. Durante la festividad se encienden luminarias en las calles y jinetes y caballos desafían el fuego saltando las llamas. De ese modo, queman las malas influencias y demonios al mismo tiempo que purifican y protegen de enfermedades a sus animales. Es muy posible que esta tradición tenga como antecesora la fiesta del Primero de Mayo, que antiguamente celebraban los celtas con motivo de la llegada del buen tiempo. En ella los druidas encendían hogueras que eran atravesadas por el ganado, evitando así que durante el siguiente año los animales padeciesen enfermedades.

En otras zonas del planeta se sigue conservando la costumbre de caminar sobre el fuego, ritual practicado por gran cantidad de pueblos a lo largo de la historia.

Otro ejemplo de la subsistencia de antiguos rituales en nuestras culturas es el encendido de hogueras en calles y plazas, que realizaban los campesinos de toda Europa la Noche de San Juan para garantizar que sus cosechas fuesen abundantes. Se considera que esta celebración era continuación de las fiestas y ritos paganos del pueblo teutón, el que, en la víspera del solsticio de verano, pedía de esta manera fertilidad para sus campos. En la actualidad, se sigue celebrando en España la Noche de San Juan: durante la noche del 23 de junio se encienden hogueras y los estudiantes queman los apuntes escolares de todo el año.

Entre innumerables ejemplos rescatamos el siguiente: la actual fiesta española de las Fallas de Valencia, también de origen pagano, que se remonta a la época en la que los valencianos encendían hogueras en honor al dios Saturno para celebrar el principio de la primavera.

El fuego, vemos, ha estado y está presente en nuestras vidas de una o de otra forma y casi siempre hay un rito asociado a él: una celebración, una petición, un deseo que queremos que se cumpla.

Muchas de las actividades que realizamos en nuestros días las acompañamos con el uso del fuego y el encendido de las velas. Encendemos una vela al santo de nuestra devoción, portamos velas en las procesiones de Semana Santa, acompañan a los difuntos cuando su alma ha abandonado el cuerpo, incluso encendemos velas la noche que celebramos una cena especial, en el festejo de cumpleaños y aniversarios... ¡Si hasta bregamos porque la llama olímpica no se apague!

El fuego es para la humanidad un gran descubrimiento que abrasa la vida con su calor y la fuerza de lo sorprendente. Desde tiempos inmemoriales, los cirios representan el mundo de lo místico, lo sagrado, lo mágico.

En este libro queremos abrir el camino de la luz y transmitir todos sus secretos, de acuerdo con las ancestrales fuerzas de la naturaleza.

Esta, nuestra propuesta, es ahora vuestra.

¡Bienvenidos!

Antecedentes

Las primeras velas no existían como el objeto que conocemos desde la modernidad. Los registros más antiguos encontrados en cavernas muestran platos o recipientes de grasa animal y pabilos a base de fibras vegetales.

Presentes en las escrituras bíblicas, ya en Egipto y Grecia las velas eran utilizadas en honor u las divinidades: así Artemisa, diosa de la caza, en cuyo ritual los cirios representaban el brillo de la luna, era reverenciada el sexto día de cada mes.

Siglos después, durante la Edad Media, las velas se utilizaban en grandes salones, teatros, monasterios e iglesias. Fue la época en que la fabricación se estableció como un comercio, siendo el sebo el material más usado.

El descubrimiento de la estearina –una composición de dos ácidos grasos combinados con glicerina, que formaban un material no inflamable que quemaba por más tiempo y con más brillo– en 1811; el de la parafina –hacia 1830–, derivado del petróleo, de cuerpo más duro y menos grasoso que el sebo; y de la parafina sintética –después de la Segunda Guerra Mundial–, marcó la evolución de los elementos utilizados para la fabricación de cirios.

Sinónimo de fuente de luz desde los albores de su existencia, en la actualidad las velas se utilizan como artículos de decoración o como accesorios en ceremonias religiosas y conmemorativas. Hay varios tipos de velas, producidos en una *amplia gama de colores, formas y tamaños; sin embargo, cuando mencionamos velas artesanales, nos referimos a aquellas fabricadas manualmente, en base a modelos poco convencionales, para diferentes usos, tales como decoración de interiores, purificación de ambientes o manejo de la energía a partir de sus colores y esencias.*

¿Qué es la ceromancia?

Antecedente inmediato de la velomancia, la ceromancia era el arte de adivinar por medio de las gotas de cera que se derretían y juntaban en una vasija llena de agua. Las deducciones o presagios se realizaban según las figuras que en ella se formaban. Mediante esta técnica se podía conocer la vida de una persona. Así, por ejemplo, los turcos procuraban descubrir crímenes y robos. Para ello, hacían derretir a fuego lento un trozo de cera mientras murmuraban algunas oraciones, luego lo quitaban del brasero y observaban las figuras resultantes que les indicaban quién era el ladrón, dónde estaba su casa o su guarida.

Aún en la actualidad, cuando ciertas mujeres quieren averiguar qué santo ha enviado una enfermedad a un ser querido, toman tantos cirios como santos sospechan pueden haberlo hecho, y aquel cuyo cirio se consume primero es tenido por el autor del mal.

Las velas en las religiones.
Cristianismo, judaísmo, budismo, umbanda

En las distintas religiones, a través del paso del tiempo, nos encontramos con una gran cantidad de tradiciones y rituales en los que se utilizan velas.

Cristianismo

El Cirio Pascual que portan los nazarenos en las procesiones de Semana Santa, el cirio de bautismo o las velas en la iglesia encendidas por los fieles para honrar a Dios y a los santos, así como la presencia de velas durante las bodas católicas son algunas de las múltiples ceremonias cristianas en las que las velas tienen un papel protagónico.

Para el cristianismo, la cera es considerada como la representación de Cristo; el pabilo, como su espíritu y la llama, como su divinidad. Un dato curioso es que durante la Edad Media los donativos religiosos podían también hacerse en forma de cera, dado el alto valor que poseía este material. Se los denominaba donativos parroquiales en cera.

La tradición católica utiliza una vela de gran tamaño que se denomina Cirio Pascual. Ésta es encendida en misas, casamientos y bautismos. Representa la iluminación de Dios, su presencia, la palabra del Padre Creador en todos los grandes acontecimientos que celebra la Iglesia.

En los bautismos, el padrino (considerado un segundo padre) porta una vela que enciende con el Cirio Pascual, adquiriendo de esta manera la iluminación de Dios para acompañar, junto a los padres, al niño o niña por el resto de su vida. La vela utilizada por el padrino mide unos 30 cm, es de color blanca y en ocasiones tiene algún símbolo católico grabado.

Cuenta la historia que Lutero contemplaba una noche la inmensidad del cielo que lo rodeaba, mientras reflexionaba sobre la dimensión divina. Quedó tan impactado por la fuerza que le transmitieron las estrellas que, después de estar un largo rato apreciándolas, se acercó al árbol que tenía más cerca y puso en él varias velas con la intención de reproducir la magnífica visión que acababa de regalarle Dios. Este relato constituye el nacimiento de otra de las fiestas que celebra la Iglesia católica, ya que se dice que de aquella noche surge la idea de iluminar los árboles de Navidad. Hoy en día, las luces eléctricas han sustituido aquellas velas que inspiraron al religioso.

Para el Adviento –los veinticuatro días anteriores a la Navidad– también se encienden velas. Por lo general, se divide una vela grande en veinticuatro partes, cada una de las cuales se enciende y se deja arder cada día.

Entre algunas de las costumbres que ha adoptado el cristianismo de otros credos y pueblos encontramos las ya mencionadas hogueras de San Juan, las cuales se celebran en honor a San Juan Bautista. El acontecimiento –celebrado desde tiempos inmemoriales– tiene lugar, como ya dijimos, la noche del 23 de junio, la más corta del año en el hemisferio Norte, momento culminante del tránsito solar. Para este ritual, las preferidas son las velas de cera. Cuenta la historia que los primeros católicos eran seres ermitaños y desorganizados. Con la evolución de las sociedades se fueron agrupando en comunidades. El primer párroco que regló la vida de estas comunidades se llamó San Benito, quien propuso que se usara medio día para trabajar y medio día para rezar. La organización de las abejas fue para la Iglesia un ejemplo modélico de la sociedad ideal: estos pequeños insectos tienen todo lo que se necesita para vivir de la mejor manera; la colmena está dividida, cada uno cumple su función y todos se ayudan mutuamente, fabricando coordinadamente el alimento y la vivienda. Se creyó pues que, mezclando un poco de cera de abeja en la vela, estos bichitos "contagiarían" a los humanos algo de su organización.

Judaísmo

También para la religión judía las velas tienen un lugar central. El *Shabbat* (la llegada del sábado) es una de sus celebraciones más importantes. Se lo recibe encendiendo y bendiciendo dos velas blancas.

Otra festividad que se preside con velas es el Festival de Luminarias de *Hannukah* (en hebreo, "inauguración" y "dedicación"), acontecimiento en el que se conmemora la liberación del pueblo de Israel de la dominación griega, dos siglos antes de la era cristiana.

Esta fecha de carácter histórico también está acompañada por una leyenda milagrosa, recogida en el *Libro bíblico de los Macabeos*. Según allí se relata, al recuperarse el Templo de Salomón para el culto judío –que los griegos habían dedicado a ritos paganos– se encontró entre los restos sólo una vasija de óleo sagrado, con lacres sacerdotales inviolados, lo que alcanzaba para encender el gran candelabro durante una jornada. Pero ocurrió un milagro: el aceite creció tanto que alcanzó para ocho jornadas enteras. En conmemoración de aquel suceso, los judíos ubican velas en un candelabro de ocho brazos (nueve en realidad, pero el cirio de este brazo central, más elevado, es el que enciende los otro ocho) que se van encendiendo una por día, para que la luz de la libertad siga brillando por toda la eternidad.

Budismo

Fundada por Buda en la India septentrional, hacia el siglo VI a.C., esta religión se basa en las *cuatro santas verdades*: la vida es sufrimiento; la causa de éste son las pasiones; liberándonos del deseo nos liberamos del sufrimiento; para lo que se debe obrar el bien. El Buda vio, pues, en la renuncia de sí mismo el único medio de librarse del sufrimiento, siendo su ideal alcanzar el Nirvana.

En numerosos países de Oriente, el rojo es el color de los buenos auspicios. En la religión budista se utilizan inciensos y velas –generalmente de ese color– para rendirle culto a los diversos dioses. En esta tradición el fuego es adorado, considerándoselo una divinidad.

Ritos umbanda

El rito umbanda utiliza gran cantidad de velas en sus ceremonias. Esta cosmología afro-brasileña acepta en su doctrina la existencia de un Dios único, y múltiples legiones espirituales comandadas por entidades superiores llamadas *Orixas*.

El catolicismo ejerció una influencia directa en la formación de estas doctrinas, produciendo un fenómeno de asimilación de las entidades africanas con las imágenes del santoral cristiano, llamado sincretismo.

Los colores de las velas utilizadas en los rituales umbandistas pueden ser combinados porque una misma entidad acepta varios de ellos, que sintonizan con lo que denominan su vibración particular.

Fechas especiales

Las velas han encontrado también su lugar en fiestas íntimas y familiares. ¿Quién no ha pensado un deseo a la luz de la vela mientras los seres queridos cantan el *Cumpleaños feliz*? Pensar un deseo en cada aniversario, con la esperanza que este ritual implica, es quizás una de las expresiones de fe más difundidas y gratas y, probablemente, la primera relación que cada uno de nosotros tiene con la magia que combina la luz, el fuego y la esperanza.

A continuación se describen algunos rituales para practicar en fechas especiales: el nacimiento, los aniversarios y el fallecimiento.

Nacimiento

La incorporación de un nuevo integrante a la familia merece una ceremonia especial. La misma garantizará que el bebé se sienta bien recibido desde el primer momento y que su integración sea feliz y plena.

A este tipo de rituales puede sumarse todo aquello que sea significativo para la familia: fotografías, objetos, inciensos, etc. Es también recomendable usar piedras, ya que las mismas invocan la paz y la armonía.

El ritual se divide en dos etapas: la primera, mientras el bebé se encuentra en gestación; la segunda, a partir de los quince días de nacido.

Primera parte: se utiliza una vela simple del color que corresponde al signo bajo el cual la mujer quedó embarazada (ver Capítulo VIII, El zodíaco y sus rituales). Si se desea, puede prenderse una vela por mes, durante el embarazo, siempre siguiendo la relación entre el mes y el color correspondiente. Para este ritual no hay día ni hora prefijados. Cualquier momento es bueno para proteger la gestación y alejar los males del bebé por nacer.

Es importante la respuesta de los cirios a este nuevo ser que se está gestando; aconsejamos consultar con un especialista sobre los restos de cera al finalizar el ritual. Una vez concluido, arrojar los restos a un río o al mar.

Segunda parte: se enciende una vela simple de color blanco junto a otra vela del color del mes en que se produjo el nacimiento. Se colocan las dos manos sobre las velas, pidiendo con fuerza el amparo para la criatura,

pronunciando en voz alta su nombre y fecha de nacimiento. En este caso, también se hace un pedido universal por el bien de la humanidad.

Aniversario de casamiento

El arco iris es un signo de buen augurio para atraer
tanto la prosperidad como el amor. Por ello en esta fecha se debe realizar el siguiente ritual: poner en el centro de la mesa, o en el lugar que se haya preparado, una
vela de los colores del signo zodiacal de cada uno de los
integrantes de la pareja (ver Capítulo IV, Los colores y
las velas); disponer a su alrededor una vela de cada color de los que integran el arco iris, encendiéndolas y
pronunciando palabras como las siguientes: "Que el
presente arco iris bendiga nuestra unión, que aumente
nuestra armonía y desaparezcan nuestras diferencias".
A continuación, hay que encender las velas centrales
junto con la vela que representa el día que se está celebrando el ritual mientras se dice: "Que los colores de
nuestra energía interior se entrecrucen para así construir un vínculo de fuerza superior y amor eterno".

Con el presente ritual, los vínculos débiles se forta-
lecen y los amores se profundizan.

Aniversario de fallecimiento

Recordar a aquellas personas que amamos puede re-
sultar difícil y doloroso, pero reconciliarnos con sus recuerdos puede ayudar a aliviar el alma.

Para recordar el aniversario podemos acudir al ce-
menterio, asistir a alguna ceremonia religiosa, o reali-

zar un ritual en nuestra casa. Para celebrar este último, debemos elegir un sitio de la casa en donde podamos sentir intimidad y tranquilidad, y allí encender una vela del color preferido del recordado o perfumada con su esencia favorita. Del mismo modo podemos incorporar a este ritual objetos personales, fotografías, figuras religiosas, etc.

Observando fijamente la llama, se deben pronunciar las palabras de afecto que nos gustaría brindarle a la persona que ya no está, dejando expresa nuestra nostalgia, y al mismo tiempo nuestra convicción de que el ser amado sigue vivo en nuestro recuerdo.

Se apaga la vela y se recuerda algún momento compartido.

Fabricación de velas

En el presente capítulo le enseñaremos a fabricar sus propias velas.

Si bien en la actualidad es posible adquirir todas las velas que necesite en locales especializados, santerías o casas de venta de artesanías, nosotros seguimos recomendando la elaboración de las propias velas, como solían hacerlo las viejas escuelas de ocultismo. Consideramos, como antaño, que al ser uno mismo quien las fabrica, se está construyendo –y tomando contacto– desde su génesis con los instrumentos adivinatorios. Al atravesar todas las fases de su manufactura, el equipo queda impregnado con las vibraciones y energías personales, logrando de este modo reforzar el hechizo. Así, al mismo tiempo que creamos un ambiente agradable, con su luz, colores y formas, recompensamos gratamente a nuestro espíritu y mejoramos nuestra actitud hacia las personas que nos rodean.

Cuando las velas son compradas en un comercio, recomendamos someterlas a un proceso de "consagración", conocido también como de "unción mágica". De este modo, nos aseguraremos que los cirios queden libres de cualquier energía ajena a la nuestra. Es un proceso sencillo y rápido.

El proceso de consagración

La vela a utilizar se considera dividida en dos mitades: desde el centro hasta la mecha es el polo norte y desde el centro a la base, el polo sur. El ritualista debe tomar la vela y sostenerla a la altura del ombligo, con la mecha apuntando a la pared. A continuación, debe mojar sus manos con un aceite vegetal, y proceder a frotar la vela nueve veces desde el centro hacia el polo norte. Mientras efectúa estos movimientos, debe ir girando la vela para asegurarse de que no pasa los dedos siempre por el mismo lugar. Una vez hecho este procedimiento, vuelve a mojar sus dedos en el aceite y repite completa la operación, esta vez desde el centro hacia el polo sur. A través de la unción, la vela —en estado profano—, pasa a convertirse en un elemento sagrado.

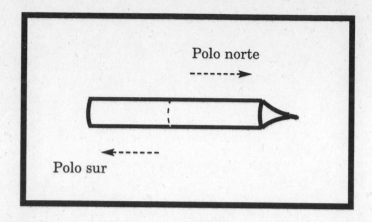

Queremos destacar que la fabricación de velas no requiere de grandes conocimientos ni de especiales habilidades para el trabajo. Se trata sólo de disponer de los utensilios y materiales indicados e ir practicando hasta alcanzar los objetivos que previamente nos hayamos fijado. De esta forma, nos proveeremos de los elementos necesarios para realizar el ritual.

A continuación, detallamos los utensilios necesarios, los componentes fundamentales y el proceso de fabricación, así como algunos consejos útiles y la forma de fabricación de algunas velas especiales.

Equipo básico:

Recomendamos que todo el equipo que se utilizará para la elaboración sea exclusivo para tal fin artesanal y no vuelva a ser utilizado, por ejemplo, para cocinar, pues pequeñas partículas de cera pueden quedar adheridas a los diferentes elementos.

El listado que detallamos a continuación es el recomendado para la fabricación de velas por chorreo, láminas de vela, velas moldeadas o por inmersión.

Balanza: se pueden utilizar las tradicionales de cocina, siempre que tengan un rango de entre 0 y 1 kg.

Cucharón: se necesita uno; debe tener un buen ángulo que permita un cómodo traslado de la cera derretida de un lugar a otro.

Cuchillo filoso o cúter: se utiliza para cortar las láminas de cera y para emparejar las orillas de las velas hechas en moldes.

Escuadra metálica: por lo general se utiliza para cortar las láminas de cera, si mide más de 30 cm de largo; permite asimismo cortar las láminas en diagonal (ya que éstas vienen en planchas de 30 cm).

Hervidor para baño María: una olla esmaltada de acero inoxidable o de aluminio servirá a tal fin.

Jarra de metal: es la más propicia para vaciar la cera derretida y reservar la cera caliente.

Moldes: pueden ser tanto de acrílico como de aluminio. Es importante no olvidarse de que deben tener un orificio en la parte central de la base.

Palitos de madera: son similares a los palitos chinos. Se utilizan para sostener el pabilo antes de hacer la vela.

Papel madera o de aluminio: es importante para proteger todo el área de trabajo. No recomendamos para este fin utilizar papel de diario.

Pesas pequeñas: son necesarias para colgar el pabilo cuando elaboramos velas por el sistema de inmersión.

Termómetro: como el de cocina, siempre que tenga una escala que abarque de 38 a 150 grados centígrados y que se pueda utilizar dentro de la olla, de tal modo que quede bien sumergido en la cera. De ese modo se realizará una lectura exacta de la temperatura.

Tijeras: para cortar los pabilos.

Componentes fundamentales

Cera de abejas: este tipo de cera es un subproducto de la cría de las abejas; se trata de una secreción de las abejas melíferas, quienes la usan para construir los panales en los que almacenan la miel y crían sus larvas. Cuando los apicultores sacan la miel para su procesamiento, derriten la cera y la venden en bloques –los que se utilizan para la elaboración de velas–. La cera de abeja es de color amarillo dorado o de una tonalidad café, agradable aroma y contiene restos de las abejas y de las plantas. Si se desea, se la puede colar para remover las impurezas; también se la puede blanquear. Es uno de los materiales preferidos para la elaboración de velas, por su combustión lenta, por el color dorado de la luz que irradia y por su aroma. Es, sin embargo, un material caro por lo que se recomienda mezclarlo con parafina para que el costo final de la vela sea menor.

Cera de parafina: Las ceras de parafina son las más utilizadas en la actualidad para la eleboración de velas. Se trata de un subproducto del refinado del petróleo, que tiene la ventaja de ser incoloro, inodoro y manejable. Existen distintos tipos de ceras, con diversos puntos de fusión y temperaturas de trabajo, siendo las más comúnmente utilizadas las que tienen su punto de fusión entre los 56 y 58 grados centígrados. Habitualmente se le agrega estearina a la parafina para aumentar su dureza y su opacidad.

Cera en gel: este tipo de cera tiene la propiedad de ser absolutamente transparente; puede ser utilizada sola o con colorantes.

Conservante de aromas: como su nombre lo indica, este producto se utiliza para conservar durante más tiempo el aroma en la vela. Por cada cucharadita de esencia aromática, se agrega una cucharada sopera de conservante. Su uso es optativo.

Desmoldante: es fundamental agregar este producto al molde antes de fabricar la vela. El desmoldante de siliconas en aerosol es uno de los más recomendados, pero también se puede usar vaselina o aceite vegetal.

Estearina: el ácido esteárico es un producto colateral de la fabricación de jabones. Cuando la grasa vegetal se mezcla con cenizas de madera, la reacción química produce jabón y glicerina. La mezcla del jabón con este ácido produce estearinas.

Mezclada con la parafina, la estearina produce dos reacciones: reduce su punto de fusión y, al enfriarse, hace que las velas sean más duras y resistentes, evitando de este modo que se doblen o se desarmen. La estearina también otorga a la parafina –habitualmente traslúcida– un tono más opaco.

Masilla para cera y plastilina: se utilizan para sellar y tapar el orificio interior de los moldes.

Mechas o pabilos: un pabilo es un manojo de hilos de algodón trenzados o de cordones entretejidos, tratado y limpiado con sustancias químicas cáusticas. Existen pabilos pequeños, medianos y grandes; el grosor del mismo depende del diámetro de la vela que estemos fabricando. La elección del pabilo es fundamental dado que si elegimos uno muy pequeño la llama será débil y si es demasiado grueso la vela desprenderá humo.

Perfumes para velas: esencias arómaticas, líquidas o en barra, elaboradas especialmente para velas. Existe una gran variedad de aromas, pero deben aplicarse con mesura para que su olor no resulte desagradable.

Tintes para cera: se trata de aditivos que dan color a las velas. Habitualmente, se utilizan pigmentos a base de anilina, ya que estos colorantes son solubles en cera y en aceites. Se los encuentra fácilmente presentados en rodajas o bloques. Otra opción es el uso de crayones –los cuales se pueden desmenuzar para que se disuelvan más rápidamente– o el de óleos comunes. Hay que tener en cuenta que las velas tienden a perder el color con el tiempo; la mejor forma de evitarlo es guardarlas en lugares donde no reciban luz directa.

Proceso de fabricación

Velas fundidas o moldeadas

Este tipo de cirios se logra fundiendo cera dentro de un molde. Existe infinita variedad de envases a utilizar: la improvisación es la clave de este trabajo; lo único que debemos tener en cuenta a la hora de elegir nuestro recipiente es que el mismo sea fácil de desmoldar.

Pasos a seguir:

1. Colocar el pabilo al molde. Después de realizar el orificio en la base del molde, se pasa por aquél el pabilo y se lo tapa por afuera del molde con plastilina o masilla para cera. El orificio debe estar bien sellado y con suficiente plastilina para que no se derrita cuando se vierta la cera caliente en el molde. Luego se debe sostener el pabilo en la parte de arriba del molde con los palitos de madera, tratando de que quede bien centrado.

2. Aplicar el desmoldante al molde. Esparcirlo con un pincel (obviamente, si no es el de siliconas en aerosol) en el interior del molde; éste debe quedar bien humedecido, ya que cuanto más desmoldante tenga, más fácil será retirar la vela.

3. Colocar los trozos de parafina de alta fusión (57 grados centígrados aproximadamente) en el interior de una olla bien limpia y seca. Agregar la estearina (teniendo en cuenta la siguiente relación: por cada kilo de parafina se utilizan 100 gramos de estearina). Revolver hasta que los ingredientes se fundan. Recomendamos realizar este paso en baño María, siendo la temperatura ideal la de 100 grados.

4. Agregar el tinte elegido. Cuando la cera esté caliente, y por lo tanto líquida, se le agrega el tinte. Si se usan crayones es mejor desmenuzarlos para que se disuelvan rápido. Revolver bien, con una cuchara de madera o elemento similar, para que el color se disuelva homogéneamente.

5. A continuación, agregar el aroma y, si se quiere, el conservante.

6. Después de que la parafina llegue a la temperatura deseada, verterla en el molde elegido. El tiempo que tarde en enfriarse depende de la temperatura interior y de la exterior. Recomendamos llevar la vela unos minutos a la heladera para que se contraiga la parafina, facilitando así el desmolde.

7. Antes de desmoldar la vela hay que retirar la plastilina o masilla del molde. Luego dar vuelta el molde sujetando con ambas manos la vela para evitar que ésta se caiga.

8. Utilizar una tela suave para limpiar la vela. Por último, pegar el pedazo de pabilo suelto de la base de la vela con un cuchillo o una cuchara caliente.

Velas por proceso de inmersión

La técnica básica del método por inmersión es sencilla. Un pabilo se sumerge una y otra vez en cera derretida hasta que la vela obtiene el diámetro deseado. Por lo general las velas se sumergen de a dos (el pabilo debe tener la longitud suficiente para dos velas). Se colocan pesas en cada extremo del pabilo y las velas que se van formando se mantienen separadas con un espaciador o soporte.

Pasos a seguir:

1. Medir el largo del pabilo. Calcular el doble de la longitud deseada para cada vela, no menos de 10 centímetros.

2. Atar una pesa pequeña en cada extremo del pabilo.

3. Cortar un trozo de cartón de 5cm x 5cm que servirá como soporte de las velas. Hacer un corte pequeño en cada uno de los lados del soporte. Doblar el pabilo a la mitad para encontrar su punto central y colocar este punto central en el centro del soporte, ubicando el hilo en cada uno de los cortes laterales y dejando que caiga a cada lado.

4. Calentar la cera en el recipiente elegido hasta que llegue a la temperatura descripta anteriormente (ver Velas fundidas o moldeadas). Si se quiere agregar algún color o fragancia, éste es el momento.

5. Vaciar la cera en el recipiente donde se realizará el proceso de inmersión, llenándolo hasta 2 cm por debajo de la parte superior. (A lo largo del proceso se deberá ir agregando cera de modo tal que siempre tenga la misma altura.)

6. Sumergir el pabilo en la cera hasta que sólo se vean aproximadamente 2 cm de pabilo bajo el soporte. Mantenerlo sumergido por unos segundos, hasta que las burbujas desaparezcan. Retirar el pabilo lentamente y de manera uniforme.

7. Colgar el pabilo hasta que se enfríe. Es importante que la vela no se doble. Se puede acelerar el proceso de enfriamiento sumergiendo la vela en agua después de cada inmersión. Una vez seca, se puede continuar con el proceso.

8. Repetir los pasos 6 y 7 una y otra vez hasta que el grosor de la vela sea el deseado. Para lograr una terminación delicada, la última inmersión tiene que ser de muy corta duración. Inmediatamente después, se debe sumergir en agua fría para lograr que la vela tenga un acabado bien brillante.

9. Una vez que las velas tienen la consistencia suficiente se puede prescindir de las pequeñas pesas, de modo que se corten los extremos con cuidado, incluyendo el pabilo.

10. Colgar las velas de un gancho durante al menos una hora para que terminen de enfriarse; luego guardarlas en posición horizontal lejos de la luz solar.

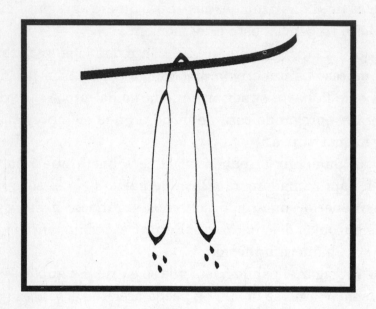

Velas en espiral

Estas velas se realizan torciendo una, fabricada mediante el proceso de inmersión, cuando la cera está aún maleable.

1. Ubicar la vela sobre una superficie lisa y limpia; con un palo de cocina aplastarla, cuidando que la base de la misma no pierda su forma original, ya que aquélla nos servirá para insertarla en el soporte o candelabro.

2. Sostener en cada mano una punta de la vela y retorcerla suavemente. Cuando la vela tenga espirales en toda su longitud, comprobar que la base sea plana. De no ser así, terminar el moldeado con los dedos.

Velas de capas por medio de baños

Esta técnica consiste en bañar velas blancas con cera de color.

1. Poner en agua caliente una capa de cera del color elegido (de 5 a 8 cm de espesor). Se necesita un recipiente en el que quepan el largo de la vela y la profundidad de la cera de color.

2. Sumergir la vela del mismo modo como se explicó en las velas por inmersión (en esta ocasión solamente se recubre una vela blanca). Tener especial cuidado con el mantenimiento de la temperatura correcta (de 82 a 85 grados centígrados).

Velas recubiertas por goteo

Este método consiste en gotear ceras de color sobre una vela blanca. Con las velas resultantes se podrán realizar los distintos rituales específicos. Una vela de color alcanza para bañar una docena de velas blancas.

1. Sostener una vela blanca de la mecha, dejando reposar la base sobre el papel.

2. Encender en una bandeja de cenizas las velas de color necesarias. Dejar que la cera fundida de color gotee sobre la vela blanca. (Tener en cuenta que según el ángulo en que sostenga la vela blanca se marcarán puntitos, tiras de color cortas o largas.)

3. Para obtener rápidamente una capa de color en la base de la vela blanca, dar vuelta ésta mientras va goteando la de color. Este método le permitirá obtener velas de interesante textura y variadas figuras, tan originales como únicas.

Velas enrolladas

Para realizar estas velas, se va enrollando el pabilo en una lámina de cera. Las velas largas y delgadas, las de forma ahusada o cónica, las velas gruesas, de poste o de forma cilíndrica, y las velas decorativas pueden elaborarse con este método.

Para fabricar una vela cilíndrica se debe empezar enrollando por la parte más angosta hasta llegar a la punta del triángulo, tras haber cortado la lámina con un corte diagonal.

Para esta técnica es necesario contar con una escuadra, un cuchillo filoso y una superficie adecuada para realizar el corte.

Pasos a seguir:

1. Preparar el área de trabajo, asegurándose de que se tiene una superficie adecuada para poder cortar sobre ella.

2. Cortar un pabilo que tenga 5 cm más que el tamaño de la vela deseada.

3. Calentar las láminas con un secador de pelo o bien colocarlas en un cartón sobre un calentador eléctrico para que se ablanden y se facilite el enrollado. Prestar especial atención a que las láminas no se derritan.

4. Colocar el pabilo sobre el límite de la lámina y, con cuidado, enrollar sobre el mismo presionando de modo firme y uniforme, evitando así que se formen burbujas de aire.

5. Emparejar la parte inferior del pabilo hasta que se nivele con la cera; la base debe quedar plana.

6. Recortar el pabilo en la parte superior hasta que quede de 1 centímetro.

Velas de miel

Hemos de dedicarle un apartado a las velas de miel por poseer éstas importantes cualidades. La cera fragante, producto del trabajo de la abeja que muere cuando su obra está cumplida, tiene un significado místico. Es un extracto del mejor jugo de las plantas y tiene el más alto valor natural como material de ofrenda. La tradición sostiene que las abejas tuvieron su origen en el paraíso.

La cera es una secreción de las abejas melíferas, las cuales la usan para construir los panales en los que almancenan la miel e incuban sus larvas; les suelen dar la forma hexagonal que nosotros asociamos con los panales.

La cera de abejas tiene un aroma dulce muy agradable, que varía según el tipo de plantas o flores de las que se hayan alimentado las abejas. La cera natural de abejas es de un color amarillo dorado o de una tonalidad café, y contiene restos de las abejas y de las plantas. Como ya dijimos, éste es uno de los materiales más buscados para la elaboración de velas, ya que tiene una combustión lenta e irradia una hermosa luz de color dorado y aroma dulce. Si se la mezcla con parafina, se obtiene una vela menos costosa y de mayor duración.

Estas velas se utilizan para los pedidos materiales y de prosperidad, al mismo tiempo que sirven para las tareas de energizar, destrabar e incrementar. Para su uso en uniones afectivas es preciso trabajarlas previamente con aceites, hierbas y sahumerios.

La vela de miel *Siete días y siete noches* tiene un gran valor esotérico; como lo indica la historia de la religión, el todo fue creado en siete días; existen siete iniciaciones menores, siete vibraciones musicales, siete colores, siete chakras energéticos y siete espíritus ante el trono de Dios. De allí que esta vela tenga siete días de duración. Además, el siete es considerado el número de la divina armonía y de las siete esferas cósmicas; y el número que gobierna la periodicidad de los fenómenos naturales. Por otro lado, no es casual que el siete represente a Neptuno, dios del mar, al que también se lo relaciona con la magia y lo oculto.

Para la fabricación de estas velas es necesario conseguir una hoja de cera y cortarla del tamaño deseado, tomando en cuenta que para una vela de 15 cm se necesita una hoja del doble de su tamaño, es decir de 30 cm (la misma se corta de punta a punta, obteniendo la forma de un triángulo). Ponemos luego la cera sobre una superficie lisa, presionamos la mecha contra el lado estrecho de la hoja y comenzamos a enrollarla alrededor de la mecha.

Si se corta la parte superior de la hoja en un ángulo oblicuo a partir de la mecha, la forma de la vela quedará realzada por ese contorno cónico.

Existen cuatro clases de velas de miel: el Velón de siete días y siete noches, el Pergamino simple, el Pergamino doble y el Pergamino triple.

Velas de forma

Según su forma, los elementos utilizados en cada ritual tienen la propiedad de generar imágenes mentales que pueden actuar en las dimensiones más sutiles, aunque no por ello menos efectivas. La civilización egipcia, cuyo innegable avance en el campo del conocimiento continúa asombrando y apasionando, creía que las imágenes mentales podían adquirir vida propia y actuar de acuerdo con las órdenes recibidas en el momento de su creación. Practicado por los sacerdotes, este arte se utilizaba para "dar vida a los guardianes" que protegían las tumbas de los faraones: las generaciones futuras podrían verse tentadas por las inmensas riquezas que se depositaban junto a los sarcófagos reales. La efectividad de aquellas formas mentales pudo comprobarse cuando, 4000 años después de su creación, muchos de los arqueólogos que violaron las tumbas celosamente guardadas, fueron víctimas de muertes trágicas y misteriosas. Es por ello que consideramos que la fabricación de velas de forma con el fin de llevar a cabo nuestros deseos y objetivos es heredera de una prodigiosa tradición milenaria. La forma y el tipo de vela son dos elementos de gran importancia en peticiones muy específicas: el hecho de que la forma de la vela esté relacionada con la naturaleza del ruego refuerza el ritual. Pese a ello, siempre es posible reemplazar las velas de forma por cirios comunes o por combinaciones de unas y otros, siendo muy cuidadosos con el color adecuado para el ritual.

Las velas de forma y el significado de sus colores

A continuación describiremos las características de las velas de forma e, inmediatamente después, el significado según las diferentes variables de color.

Las velas de forma (difíciles de moldear en casa) se encuentran disponibles en cualquier santería o lugar especializado de ventas.

Vela Árbol de la Vida: esta vela es especial, dado que encierra un gran simbolismo cuya imagen se relaciona con dos mundos. Los seres humanos tenemos la posibilidad de crecer, echar raíces y elevarnos espiritualmente como el árbol. El Árbol de la Vida se utiliza cuando la persona está sumida en una crisis profunda, inmersa en un hondo vacío espiritual que puede llevarla a la autodestrucción. Mediante el encendido de estos cirios se busca destrabar las graves situaciones que la aquejan, favoreciendo su recuperación.

Árbol de la Vida blanca: para salir del estancamiento.

Árbol de la Vida roja: para recuperarse de pérdidas.

Árbol de la Vida verde: para lograr armonía intelectual y física.

Árbol de la Vida amarilla: para la resolución de conflictos legales.

Árbol de la Vida naranja: para recuperar la voluntad.

Vela Sansón: es por casi todos conocida la historia de este célebre personaje bíblico, quien con sus brazos destruyó las columnas que sostenían el templo dedicado al dios Baal, en el cual se realizaban sacrificios humanos.

Estas velas se encienden para romper cualquier cadena que nos impida la realización y el éxito de nuestras empresas.

La vela Sansón puede presentar varias formas: desde un pequeño muñeco de diez centímetros de alto, que representa al héroe de la leyenda hasta un velón con su figura encadenada, que dura de siete a quince días. Este velón se fabrica con los siete colores esenciales para lograr el desbloqueo.

Vela Corazón Atado: esta vela tiene habitualmente la forma de un corazón. De color blanco y con un lazo color rojo, representa la posibilidad de cortar con aquellas trabas que nos alejan de nuestros deseos.

Vela Llave: como su nombre lo indica, este cirio se puede usar tanto para la apertura como para el cierre de caminos.

Llave blanca: para la apertura de caminos.

Llave amarilla: para obtener dinero y trabajo.

Llave roja: para abrir el camino hacia el amor.

Llave San Jorge: para abrir los caminos en cuestiones legales.

Llave negra: para cerrar todos los caminos.

Llave San Cipriano: para abrir caminos sin que ninguna fuerza negativa los cierre, trabe o perjudique.

Vela Tijera: se suelen encender estas velas para consagrar "cortes" de bien o mal.

Tijera roja: para cortar caminos en el amor.

Tijera negra: para cortar todos los caminos.

Tijera San Jorge: para cortar problemas legales.

Tijera San Cipriano: para cortar cualquier negatividad que pudieran querer destinarnos.

Vela Hombre y Mujer: indicada para mejorar todo lo concerniente a los vínculos de pareja y las relaciones afectivas.

Pareja blanca: para liberarse de cualquier atadura.

Pareja roja: para capturar a la persona en el amor (magia roja).

Pareja negra: para impedir que una persona vuelva a ser feliz.

Vela Pareja de Fuego: el encendido de esta vela se realiza para pedir por la unión afectiva de las personas.

Pareja blanca: para consagrar la armonía de una pareja.

Pareja roja: para unir a dos personas que se conocen, pero se resisten a relacionarse sentimentalmente.

Vela Matrimonio: este cirio es el indicado para lograr la estabilidad emocional de la pareja.

Matrimonio blanca: para armonizar los sentimientos de dos personas.

Matrimonio roja: para que dos personas den el último paso hacia el matrimonio.

Vela Iemanjá: esta vela es utilizada para realizar rituales que tienen como fin la unión de la familia. También la pueden encender mujeres con problemas de fertilidad.

Vela Buda: recomendado para encontrar la serenidad, este cirio atrae tanto la tranquilidad como la estabilidad económica.

Su imagen representa a un hombre calvo, de vientre prominente, con el torso desnudo y sentado en forma apacible, con una suave sonrisa.

Buda blanca: para tranquilizar a una persona.

Buda amarilla: para logar la estabilidad económica.

Vela forma de San Jorge: para todo tipo de problemas relacionados con la justicia humana.

Vela Puño: otorga fuerza a una petición; aleja a los enemigos.

Vela Sapo: ayuda a detener los chismes y comentarios malintencionados que se realizan sobre una persona.

Vela Cráneo: se enciende para trabajar sobre la psiquis de una persona.

Cráneo blanca: para aclarar la mente.

Cráneo roja: para producir un cambio repentino de pensamiento.

Vela Fetiche: esta vela se utiliza para producir un cambio de pensamiento con un efecto duradero.

Vela Sapo Tridente: esta vela se relaciona con las enfermedades.

Sapo blanca: para liberar a alguien de enfermedades.

Sapo roja: para provocar la enfermedad de otro.

Vela Manzana: en relación con la salud y las uniones.

Manzana verde: para realizar pedidos de curación.

Manzana roja: para propiciar las uniones de pareja.

Vela Paloma o Vela Espíritu Santo: la paloma constituye el símbolo universal de la Paz. El animal que Noé echó a volar desde el Arca del Diluvio y volvió con un ramo de oliva en el pico, fue la demostración de que Dios había aplacado su ira y estaba dispuesto a conformar una nueva alianza con el hombre.

La paloma representa también al Espíritu Santo,

quien dotó de fortaleza espiritual y sabiduría a los seguidores de Jesús para llevar su mensaje de amor y redención a todos los pueblos del Planeta.

Mediante el encendido de esta vela se solicita la protección del espíritu divino, para que nos muestre la salida frente a las dificultades más complejas u oscuras.

Se utiliza también para armonizar y curar los ambientes, para ayudar a otra persona, para tener claridad mental y calmar los pensamientos negativos.

Vela Osiris: este cirio representa a Osiris, el Dios Sol del pueblo egipcio. Cuenta la mitología que el hermano de Osiris, celoso por sus cualidades divinas, planeó y ejecutó su muerte, descuartizando su cuerpo y arrojándolo al río Nilo.

Su hijo, Toth, y su esposa, Isis, buscaron los restos durante mucho tiempo hasta lograr reunir cada parte; al juntarlas, le devolvieron la vida. El mensaje simbólico de esta historia puede ser comprendido por las facultades de su hijo —quien representaba la inteligencia—, y de su mujer —símbolo de la sensibilidad y la intuición—. Estas velas suelen encenderse para fortalecer el espíritu y así poder superar los ataques de envidia, celos y violencia.

Vela Toth: asociado al dios Mercurio de los griegos, Toth era el dios de la inteligencia y la comunicación y, por lo tanto, protector de los escritores, los oradores, los comerciantes, los viajantes y todas las personas abocadas a las distintas formas de comunicación.

Este dios era asimismo el encargado de acompañar el alma de los difuntos cuando éstos debían enfrentar el juicio de Osiris, enseñándoles las fórmulas que debían repetir para salir airosos.

Estas velas se deben encender ante situaciones relacionadas con las actividades comunicativas (recién descriptas). También se suelen utilizar para pedir sabiduría y éxito en los negocios y en los viajes. Además, se encienden si se desea acceder a los conocimientos ocultos.

Vela Tutancamón: este faraón egipcio que deslumbró a los arqueólogos por la belleza y la riqueza de su tumba, cobró también fama por el castigo que recibieron quienes osaron interrumpir su descanso. Estas misteriosas muertes inspiraron el mito de la "maldición" de las momias.

Las velas que recuerdan su figura se encienden para solicitar prosperidad y protección contra todos aquellos que quieren perjudicarnos.

Vela Nefertiti: este cirio representa a una de las más importantes reinas del antiguo Egipto, célebre por su gran belleza e inteligencia. Por ser protectora del hogar y de los niños, se pide su influencia para alcanzar la prosperidad económica y la felicidad de la pareja.

Vela Salomónica: representa a Salomón, rey de Israel en los tiempos bíblicos.

Cuando el Supremo Creador le pidió que eligiera los dones que le serían otorgados, éste no quiso ni riquezas ni un ejército poderoso: sólo solicitó se le otorgara sabiduría. Por ella, y por su bondad y sus juicios siempre inapelables, es recordado de generación en generación.

El cirio Salomónico se enciende para enfrentar de modo positivo cualquier tipo de problemas, en especial, las situaciones que involucran a la justicia.

Vela Pirámide: sede de grandes templos funerarios, las pirámides dieron origen a infinidad de leyendas. Teniendo en cuenta sus formas, medidas, orientación y proporciones, se realizan complicados cálculos y simbologías que permiten comprender el pasado y el futuro. La Vela Pirámide se recomienda para lograr la armonización, la estabilidad económica y el amor.

Pirámide blanca: para armonizar los ambientes.

Pirámide amarilla: para atraer dinero.

Pirámide roja: para atraer el amor.

Pirámide siete colores: sus siete poderes abren caminos y energizan.

Vela Espada de San Jorge: especial para el amor.

Espada roja: para "atravesar" con una flecha de amor el corazón de una persona.

Espada San Jorge: exclusivamente para cobrar juicios legales.

Espada negra: para trabar caminos.

Vela Nudo: se utiliza para destrabar problemas.

Nudo blanca: para armonizar y desatar problemas en general.

Nudo roja: para desatar problemas en el amor.

Nudo San Jorge: para desatar problemas personales y espirituales.

Nudo San Cipriano: para desatar problemas causados por magia negra, hechicería.

Vela Choclo: este cirio representa la abundancia económica.

Vela Adán y Eva: Esta vela –que lleva el nombre de los "padres" de la humanidad– representa la unión ideal entre lo masculino y lo femenino.

Su forma se asemeja a la de dos cuerpos, uno en celeste y otro en rosa, los que se encastran antes de ser encendidos.

Se la utiliza para pedir por la unión de las parejas, y el proceso más común consiste en escribir el nombre de cada uno de los integrantes de la pareja en el pecho de la vela que representa al otro (es decir, el nombre del hombre en la figura femenina y el nombre de la mujer en la figura masculina).

Luego se pueden untar los nombres con un poco de miel y unir las dos partes, sujetándolas con una cinta de raso color rojo.

Finalmente se procede al encendido, el que podrá repetirse durante tres, siete o nueve días consecutivos.

Las velas pareja de color blanco son utilizadas para armonizar problemas de pareja; las velas pareja negra, cuando se desea una separación definitiva.

Vela Pareja Grande Parada: al igual que las Adán y Eva, estas velas propician la unión afectiva, tanto física como espiritual, cediendo parte de las libertades del ser a cambio del amor pleno, por ser éste el poder más fuerte que existe en el universo. La versión blanca propicia la armonía; la roja, la pasión; y la negra, el final de la relación.

Vela Cajón Siete Cruces: se enciende para realizar demandas a los Santos.

Vela Cajón: se enciende para enfermar a una persona.

Vela Ataúd: esta vela es utilizada para eliminar definitivamente algún problema que nos acoge. Para ello se escribe el pedido en un papel o directamente sobre la vela, simulando el velorio de aquella situación o persona que se desea hacer desaparecer, encendiendo el cirio durante tres, siete o nueve días.

Vela Calabaza: la noche de brujas es una fiesta popular de origen sajón que se conmemora la noche anterior al Día de Todos los Santos. Su origen remoto se conecta con las fiestas paganas en el solsticio de invierno, durante las cuales se invocaba a los espíritus de los muertos y de las profundidades, los que eran liberados en esa ocasión y a los que se les pedía protección para que nada malo sucediera durante los meses del invierno hasta la próxima primavera, cuando la vida comenzaba a renacer en la abundancia de los nuevos ciclos de la existencia.

Esta época era favorable también para la transmisión de conocimientos y para el desarrollo de poderes místicos, ya que se creía que los espíritus eran propicios a la revelación de secretos.

La vela Calabaza recuerda esos hechos e invoca tales fuerzas, aunque no debe esperarse a la Noche de Brujas para utilizarla. Una de las formas en que se encienden es de a tres, durante tres días, colocando el pedido escrito en un papel dentro de la calabaza.

Vela Cráneo Grande Hueco: el cráneo representa el poder de la vida sobre la muerte, pero también la existencia que nos ata a las preocupaciones materiales impidiéndonos disfrutar del amor y la magnificencia de todo lo creado. Se trata de comprender cuántas cosas dejamos en el camino por el logro de lo superfluo que, de cualquier manera, deberemos abandonar antes de entrar en el misterioso territorio del reino de los muertos.

La Vela Cráneo se enciende para lograr la liberación y la superación de las dificultades, recibiendo la ayuda de los seres espirituales y así poder tomar decisiones acertadas y evitar los embates de la mala suerte.

Vela Casita: en los colores azul o blanca, de San Jorge o San Cipriano, esta vela se utiliza para invocar los poderes espirituales pidiendo protección para el hogar, abundancia y armonía.

El hogar es el refugio para recomponer las energías que se pierden durante la lucha cotidiana. Cuando aquél pierde la armonía o es atacado por las nefastas fuerzas de la envidia, los celos, la incomprensión o la violencia, todas las cosas comienzan a funcionar mal.

Estas velas pueden encenderse cada vez que se crea conveniente, siendo lo ideal hacerlo durante los siete días de la primera semana de cada mes y en los momentos en que se produzcan cambios importantes para el futuro del hogar.

Vela San Cono: representa la imagen de este milagroso santo, nacido en la localidad de Diano, en Florencia, en el siglo XI, cerca de un cerro llamado Cono, del que toma su nombre. El mismo falleció a la edad de 18 años, siendo muchos los milagros a él atribuidos.

Se le pide intervenciones para cuestiones de salud, de trabajo y pareja. La tradición popular lo recuerda particularmente por su influencia positiva para ganar en los juegos de azar. Su número es el 03.

Vela Cruz de Caravaca: esta vela recuerda a la Sagrada Cruz de España.

Cuenta el relato que en el año 1232, el padre Ginés Peres Chisinos, prisionero de los invasores moros, fue solicitado para que realizara una misa entre los cristianos. El padre notó que faltaba la Cruz. Poco después, el grupo se sorprendía con la aparición milagrosa de una cruz, traída por ángeles, que cantaban la gloria a Dios.

Este milagro motivó la conversión del poderoso rey que comenzó a llamarse Vicente, y la adoración popular de la sagrada cruz que finalmente fue reconocida por la

Iglesia debido a los múltiples milagros que se le atribuyeron.

Entre otros fines, esta vela se utiliza para la realizacion de exorcismos.

Vela Mano Abierta: las manos son un poderoso símbolo, porque representan la capacidad de materializar los deseos.

Esta vela representa las manos de Nuestro Señor Jesucristo y se enciende para pedir su protección, superando las dificultades de la vida.

Vela Ojo: es muy antigua la tradición que reconoce la nefasta influencia que pueden ejercer ciertas personas, a través de su mirada, en especial sobre seres que tienen bajas sus defensas.

En ocasiones, este poder maligno se combina con la envidia —enfermedad peligrosa que impide la felicidad de quien la ejerce y complica la existencia de quien se convierte en su víctima y ve cómo se desmoronan sus mejores proyectos—.

La Vela Ojo se utiliza para contrarrestar estas influencias negativas, siendo conveniente encenderla durante tres, siete o nueve días seguidos, junto a una intensa defumación del ambiente que se considere afectado.

Los colores y las velas

Al igual que los sonidos y otras energías, cada color tiene su propia vibración y misión en el Universo. Cuando trabajamos con velas debemos tener en cuenta que la vibración de un color puede armonizar o desarmonizar con la energía de una persona, resultando así favorable o desfavorable a su mundo. Antes de tomar una dirección determinada, entonces, sugerimos no buscar "recetas" y detenernos por un momento a percibir nuestras propias cualidades.

Es necesario entender que el éxito del trabajo con velas, como el de tantas otras mancias, sólo se logra a través de la práctica. Pero por sobre todo debemos recordar que lo más importante es siempre la fe y la posibilidad de animarse a recorrer este maravilloso viaje mágico a través del fuego, el color y la luz.

Veremos así que cada color trabaja sobre determinados planos que otorgan a las velas la potencia y energía máximas para alcanzar objetivos concretos. Pero para ello es crucial elegir el color correcto para cada vela y necesidad. Estudiemos, pues, las diferentes combinaciones.

El simbolismo de los colores

Una de las primeras cosas que debemos tener en cuenta para comprender el simbolismo de los colores es su ambigüedad: un color que en ocasiones se nos presenta benevolente puede ser malévolo en otros momentos. Esta aparente contradicción responde a que todos los colores tienen características positivas y negativas. Más adelante veremos cuál es el más adecuado para cada preferencia individual o el más acorde con determinadas ocasiones o rituales (recordemos que cada uno de éstos requiere de un tipo y un color de velas determinado para peticionar o solucionar un problema).

La cromoterapia ha llegado incluso a utilizarse como complemento de la medicina tradicional, para aliviar dolencias o afecciones específicas.

Amarillo
El amarillo es un color de variadas representaciones. Sus múltiples facetas, de naturaleza contradicto-

ria, dan forma a la ambigüedad que lo caracteriza. Representación del planeta Mercurio, este color es símbolo de perfección, riqueza, poder y gloria: con el amarillo pintamos el sol y el oro.

Se lo vincula con dos campos distintos: por un lado, trabaja con todo lo concerniente al dinero (préstamos, herencias, juicios, pérdidas y juegos de azar); por otro, se elige el amarillo para detectar la acción de enemigos y protegernos de la envidia ajena.

Aspectos positivos: alegría, vida, gozo, calidez, fuerza, gloria, luminosidad, luz, mentalismo, intelecto, el poder o la fuerza de la mente.

Aspectos negativos: cobardía, envidia, desconfianza, enfermedad, adulterio, perfidia, inconstancia, decadencia y muerte.

Propiedades curativas: estimula el sistema nervioso central, calmando la ansiedad y los malestares relacionados con el estrés. Mejora la concentración y la memoria. También es recomendado para las picaduras, los eccemas y otros problemas vinculados a la piel.

Vela amarilla: el día propicio para el encendido de esta vela es el sábado y el horario recomendado, el mediodía (cuando los rayos del sol caen de forma vertical sobre la Tierra).

La vela amarilla actúa sobre el trabajo, los logros materiales y laborales. Favorece la concesión de préstamos, las herencias y los juegos de azar. Es utilizada para detener relaciones adúlteras. Actúa contra la envidia y los celos. Da fuerza en casos de miedo o cobardía.

Azul

Es el color de los cielos y de los mares; divinidades con las que se encuentra vinculado por su naturaleza. Es el color del planeta Júpiter. La ropa de la Virgen María es frecuentemente representada en azul para poner de relieve, entre otros aspectos, su papel de reina del Cielo. El azul simboliza la lejanía del paisaje, allí donde el cielo y el mar se unen, en una sutil línea diferencial.

En el arte, la pintura religiosa o la vestimenta, este color denota fidelidad y fe. Como color mortuorio, significa eternidad cuando se aplica a la deidad, e inmortalidad, cuando se aplica al hombre. El azul claro (según la filosofía cristiana) denota amor por las buenas obras, prudencia y conciencia serena.

El azul es un color frío, y por tal, asociado con dicha sensación térmica.

Aspectos positivos: paz, armonía, fidelidad, inspiración, verdad, tranquilidad, entendimiento espiritual, esperanza, devoción, calma, sinceridad, intuición.

Aspectos negativos: frialdad, depresión, reserva, melancolía, lágrimas y llanto, tristeza, frigidez, apatía, falta de simpatía, pena, enfriamiento.

Cualidades curativas: es un antiséptico natural, utilizado para calmar y refrescar, aliviando los dolores de los cortes, cicatrices y quemaduras. Es muy efectivo también para la disminución de la fiebre.

Vela azul: esta vela no tiene un día determinado para su encendido, siendo el horario recomendado el que va desde las 18 hasta las 20 hs.

Trabaja sobre la salud, en especial sobre la vejiga y la tiroides. Da fuerza y potencia. Es símbolo de armonía. Se la utiliza en espacios donde se sospecha que se ha realizado algún trabajo de magia.

Blanco

El blanco es el color de la limpieza, de la pureza y la inocencia. Representar algo en blanco es mostrarlo en un estado de gracia y pureza, casi virginal. Es ideal para inspeccionar si existe una carga negativa en el ambiente.

Aspectos positivos: limpieza, pureza, inocencia, bien, luz, modestia, espiritualidad, sinceridad, verdad, inocencia, simplicidad y esperanza.

Aspectos negativos: debilidad, delicadeza, enfermedad, cobardía, falta de vigor, falta de vida, timidez, nerviosismo, impotencia, debilidad.

Cualidades curativas: síntesis de todos los colores, el blanco se utiliza para reforzar todos los problemas relacionados con la salud. Es un analgésico natural y protege contra todos los problemas cerebrales. Contribuye a aumentar y mejorar la leche en las mujeres que amamantan, como así también alivia los dolores generados por la carencia de calcio, facilitando la curación de lesiones óseas y los problemas de articulación. Es muy eficaz para los dolores de muelas.

Vela blanca: Los días recomendados para el encendido de este cirio son los domingos, los lunes y los miércoles, a cualquier hora.

Trabaja en todos los niveles: físico, mental y espiritual. Brinda protección, luz y pureza. Limpia. Es usada para abrir rituales y también para averiguar si existen cargas negativas en el ambiente.

Bordó o Morado

Fue el elegido por los emperadores romanos. El púrpura o morado era un color extremadamente caro que sólo la realeza, los magistrados, los jefes militares y los ciudadanos muy ricos podían llevar, un símbolo de lujo y poder. Es un color espiritual y psíquico, asociado a la sabiduría, la reverencia, el idealismo y la dignidad; denota también meditación e inspiración.

El morado, por tanto, significa éxito, prestigio y prominencia social, elevación, y el logro de los deseos del corazón. Su uso negativo se relaciona con el abuso tiránico del poder o la autoridad.

Aspectos positivos: éxito, elevación, prestigio, prominencia social, meditación, aspiración, gobierno, autoridad, firmeza.

Aspectos negativos: tiranía, abuso, ambición.

Cualidades curativas: es un potente energizante. Se lo utiliza para aliviar afecciones de las vías respiratorias como las alergias, el asma y la bronquitis.

Celeste

Este color simboliza la sensualidad y la sexualidad, dado que posee estímulos afrodisíacos y sus luces nos hablan de belleza, estética y armonía.

Siendo tradicionalmente un color masculino, se lo relaciona en mayor intensidad con el aspecto racional del hombre. Nos brinda entendimiento, salud, tranquilidad, protección, paz y felicidad en general.

Aspectos positivos: fidelidad, inspiración, tranquilidad, verdad, entendimiento, serenidad, esperanza, devoción, calma, sinceridad, intuición y piedad.

Aspectos negativos: depresión, melancolía, frigidez, reserva, llanto, tristeza, apatía y pena.

Cualidades curativas: poderosa ayuda para superar adicciones, obsesiones, compulsiones y cuadros depresivos. El celeste se asocia a una vida larga y a la inmortalidad.

Vela celeste: esta vela se enciende los días viernes entre las 8 y las 10 hs.

Trabaja especialmente sobre la pareja ya constituida. Le brinda tranquilidad y armonía. Vence la frialdad y refuerza la fidelidad. Es muy útil para vencer la depresión y la melancolía.

Gris o Gris plateado

Entre el blanco y el negro, este color simboliza la neutralidad, pero no entendida como el blanco (síntesis de todos los colores) sino como el equilibrio y la madurez de juicio. El gris es un color "puente", con partes iguales de cada color o con predominio de uno u otro.

Símbolo del estado sombrío de la mente, es la zona gris de nuestra conciencia. Psíquica y emocionalmente, significa la ceniza que queda cuando se ha apagado el fuego.

Aspectos positivos: edad, madurez, sabiduría, puente, mitigación, consuelo.

Aspectos negativos: estancamiento, indiferencia, inercia, senilidad, lamentación, abatimiento.

Vela gris: los mejores momentos para encender esta vela son los sábados, los miércoles y los viernes, entre las 2 y las 4 hs.

Favorece especialmente los asuntos relacionados con el dinero, los negocios, las inversiones y las sociedades. Favorece también los estudios, el conocimiento, la sabiduría y todo tipo de investigaciones.

Marrón

Está relacionado con la fertilidad por la cercanía del mismo con la Tierra, el lugar donde se cultiva para que crezcan las plantas y los frutos; es dador de vida.

Simboliza el sueño que espera porque pronto vendrá el despertar.

Es el principal enemigo de la alegría, posee vibraciones relacionadas con la incertidumbre, la duda, la ambigüedad, la vacilación, y no permite la certeza de la felicidad.

Aspectos positivos: solidaridad, solidez, practicidad, crecimiento, frutos.

Aspectos negativos: fatiga, tristeza, nostalgia, aburrimiento, ensoñación, melancolía.

Cualidades curativas: mejora los malestares relacionados con el sistema digestivo, como así también las enfermedades óseas y neuromusculares.

Vela marrón: el día recomendado para el encendido de esta vela es el martes, entre las 20 y las 22 hs. Trabaja sobre todo lo concerniente a los juegos de azar y el dinero relacionado con ellos. Tambien actúa como "correo espiritual".

Naranja

Representa el sol en la Tierra y se utiliza para solicitar paz, tranquilidad, auxilio económico o financiero; brinda protección en los viajes largos, favorece la armonía conyugal, reafirma la creatividad y, desde una perspectiva místico-esotérica, nos prepara para ser receptores de la luz que sostiene nuestro poder psíquico y espiritual.

Componente básico de la gama cromática del sol, el naranja representa la llave de la curación, merced a su actividad vitalizadora y generativa.

Se lo relaciona con el ánimo, ya que aumenta la capacidad para concentrarse, la atracción, la adaptabilidad y el estímulo.

Aspectos positivos: vigor, magnetismo, energía emocional, claridad, lucidez mental, vida.

Aspectos negativos: se combinan lo negativo del amarillo y el rojo; envidia, odio, decadencia, embustes, desconfianza, enfermedad.

Cualidades curativas: siendo este color un eficaz conductor de energía, alivia la artritis y el reumatismo, mejora todos los problemas relacionados con el riñón, la vesícula biliar, los dolores menstruales, musculares y las alergias; recompone el sistema inmunológico; y combate eficazmente el agotamiento.

Vela naranja: este cirio no tiene un día determinado para su encendido, se lo puede prender cualquier día de la semana, entre las 24 y las 02 hs., al amanecer, o al atardecer. Como potente energizante y protector, se utiliza en caso de fuertes depresiones, rompe las sombras que nos rodean, favorece ascensos y cambios de trabajo.

Negro

Relacionado con la noche y la oscuridad, y por extensión con la muerte, el negro representa el mal, los espíritus maléficos y los poderes ocultos.

Es el color con el que nos entierran, ya que significa la muerte y la tierra de la alquimia. Es la putrefacción pero también la generación de la nueva vida que bulle en la oscuridad y las profundidades. Simboliza la tristeza y el desacuerdo, la pérdida y el luto.

Aspectos positivos: estabilidad, control, precaución, justicia ciega, paciencia, espíritu práctico, responsabilidad, frugalidad.

Aspectos negativos: depresión, desaliento, pesimismo, desánimo, sabotaje, ruina, calumnia, denigración, malignidad, ridiculez, difamación.

Vela negra: puede encenderse con fines positivos durante casi todo el año, siguiendo las fases de la Luna, pero nunca para iniciar el año. Es una vela de término y reencarnación. Uno de sus usos más habituales es el encendido la noche anterior a la celebración del cumpleaños para reducir los karmas negativos que arrastramos de otras vidas.

Rojo

Trabaja sobre las pasiones, el amor de pareja y la sexualidad. En relación con la salud, ayuda a incrementar el tono vital, la energía erótica y la circulación sanguínea.

Es el color del planeta y del Dios Marte, divinidad de la guerra.

Asociado a las pasiones y a las emociones primitivas e incontrolables, se relaciona con la sublevación, la rebelión, la anarquía, la fuerza, la ruina, y la ruptura de las leyes.

Aspectos positivos: calidez, salud, fuerza, sexualidad, coraje, vigor, amor (físico y divino), exuberancia, creatividad, dinamismo, rebelión, anarquía, estimulación, entusiasmo, nacimiento, generación y triunfo.

Aspectos negativos: odio, deseo lascivo, cólera, pasión (descontrolada y primitiva), ataque, peligro, guerra, sangre y su derramamiento, violencia, crueldad y venganza.

Cualidades curativas: generador natural de energía, mejora la circulación, promueve la actividad celular y la presión arterial. Se utiliza especialmente para la curación de las enfermedades relacionadas con la sangre en particular la anemia. Asociado a la fertilidad, constituye un efectivo remedio para las disfunciones sexuales, en especial, la impotencia. Es de ayuda en los dolores óseos, sobre todo, los de las extremidades.

Vela roja: se suele encender esta vela los días lunes, entre las 6 y las 8 hs.

Trabaja sobre la atracción sexual, la pasión y la fuerza física; incrementa la energía erótica; da protección y vitalidad; armoniza mentes negativas; y se utiliza en rituales relacionados con el amor y la pasión sexual.

Rosa

Es el color del amor y del planeta Venus, emblemático de las virtudes idealizadas del romance, la suavidad y el afecto. El rojo se ha mezclado con el blanco, haciéndolo menos destructivo e impetuoso, menos centrado en sí mismo y menos estimulante, transformándolo en un color alegre y apasionado. Por la positiva combinacion, se ha transmutado en una forma más perfecta.

Es el color de la modestia y el pudor; representa la belleza, la esperanza, el amor y la moralidad.

Aspectos positivos: romance, belleza, equilibrio, suavidad, afecto, armonía, vida sana.

Aspectos negativos: por su mezcla de rojo y blanco es poco impetuoso y destructivo.

Cualidades curativas: por concepción, es un curador suave, promotor del sueño reparador y placentero, potenciador del optimismo. Ideal para todos los problemas relacionados con la vista, el oído, las glándulas y los dolores de cabeza. Recomendado para suavizar la irritabilidad y la hiperactividad de los bebés y los niños.

Vela rosa: el día adecuado para el encendido de esta vela es el viernes, entre las 4 y las 6 hs. Este cirio actúa sobre la concreción de las parejas, brindando estabilidad, entendimiento y armonía entre dos personas. Rige también las emociones en el hogar.

Verde

Es uno de los colores más importantes del simbolismo occidental, y de los dioses celtas en particular. En todo Occidente simboliza la bondad y la naturaleza, el renacer de la vida tras el invierno y su frío.

El verde es la faz de la naturaleza, y por tanto, se acepta generalmente como un color pacífico. No es ni triste ni alegre, sino que descansa. Es un puente entre las dos mitades del espectro de los colores, un color frío entre los colores calientes (rojo, naranja y amarillo), y los llamados colores retirados (azul, índigo y violeta).

Aspectos positivos: calma pastoral, inmortalidad, juventud eterna, capullo, estabilidad, productor de alegría, tranquilidad, primavera, abundancia, fertilidad, equilibrio y vida.

Aspectos negativos: celos, envidia, enfermedad, avaricia, cobardía, cólera, discordia, discusión, desarmonía, sospecha, resentimiento.

Cualidades curativas: apropiado para disminuir la presión arterial alta y reconstituyente del corazón, los pulmones y todo el sistema respiratorio. Combate las infecciones y los virus, como la gripe, la bronquitis, la fiebre y los resfriados. Es un importante agente para combatir los ataques de pánico, las adicciones y las enfermedades relacionadas con la alimentación.

Vela verde: el jueves es el día apropiado para el encendido de este cirio y su horario, el que va desde las 10 hasta las 12 hs. Afecta todo lo concerniente al pensamiento. Brinda calma, serenidad, tranquilidad; otorga claridad mental; ayuda al crecimiento de los afectos sociales, como los relacionados con los colegas, las amistades y los vecinos.

Violeta

Es el color del sacrificio y la perseverancia, de la piedad y el sentimentalismo. Es una tonalidad suavizante que actúa como sedante produciendo aletargamiento, melancolía y sueño. Asociado a la religión y al misticismo, se separa en dos vertientes: la del poder (como se representa en las vestiduras de altos cargos eclesiásticos) y en la de la meditación (como agente o vehículo de la misma).

Se conecta con las capacidades paranormales de los individuos.

Aspectos positivos: fuerza, entusiasmo, motivación, humanidad, emoción, perdón, inocencia, amor a la verdad, amor genuino.

Aspectos negativos: tristeza, idealismo, letargo, inercia, nostalgia.

Cualidades curativas: purificador y energizante, elimina la negatividad. Especial para el tratamiento de alergias, asma e insomnio. Ayuda además a aliviar dolencias relacionadas con la vista, el oído y la piel. Por ser un sedante natural, calma el sistema nervioso, superando problemas como las migrañas, entre otros.

Vela violeta: el domingo es el día ideal para prender esta vela y su horario recomendado, el que va entre las 12 y las 14 hs. Relacionada con la Divinidad, esta vela otorga gran fuerza interior, energía de espíritu y liberación espiritual. Es muy usada por los mediums en sus sesiones de mediumnidad.

Preparativos para el ritual

Los rituales son ceremonias mágicas, íntimas y místicas; de allí que los elementos que intervienen requieran de una preparación previa para que la celebración fluya con absoluta naturalidad.

Uno de los pasos más importantes que debe observar el ritualista a la hora de pedir ayuda a los cirios es el armado del altar.

Para su construcción sólo necesitamos disponer de una mesa y un paño, que utilizaremos como mantel.

A lo largo del presente capítulo detallaremos paso a paso todos los elementos a tener en cuenta: desde la elección y ubicación de las velas y las figuras religiosas, hasta el cuidado del ambiente y la vestimenta.

Presentaremos también las características generales de todo ritual, para poder llevarlo a cabo exitosamente y, en base a ello, adentrarnos en la creación de los propios.

Finalmente, dedicaremos un apartado especial a las técnicas de uncido de los cirios, tratamiento previo al encendido de los mismos para convertirlos en objetos sagrados.

El altar

Características para su construcción y ornamentación:

• La mesa donde se instalará el altar no debe ser muy pequeña (es posible que a lo largo del ritual sea necesario mover las velas y los objetos). Es conveniente que las medidas sean múltiplos de siete. Por ejemplo, 70 cm x 70 cm.

• Debe ser bien estable, ya que a menudo se manipulan líquidos o el mismo fuego de las velas requiere de una superficie nivelada.

• Se cubrirá la mesa con un mantel o paño de altar, el que habrá de utilizarse para este único propósito (en caso de que la mesa elegida cumpla también otras funciones, el paño servirá de "aislante" de las vibraciones mundanas). Recomendamos las telas livianas, como la seda. El color del paño puede ser el del signo del zodíaco en el que estaba el sol el día de su natalicio, con el que siempre existe una afinidad natural.

• Inicialmente orientamos nuestro templo personal hacia el Este, desde donde florece el sol cada mañana y, de este modo, nos nutrimos de toda una energía adicional.

• Es recomendable colocar flores sobre el altar; así tendremos presente la belleza de la naturaleza. Si bien las flores frescas son las más indicadas, una alternativa es ofrecer alguna fruta o planta para invitar a la Madre Naturaleza a presenciar nuestra meditación.

• Se pueden ubicar sobre el altar imágenes de la religión que se profese o por la que se tenga especial inclinación. De hacerlo, se sugiere que sean del sexo opuesto al del celebrante del ritual, colocándolas en la parte posterior del altar.

• Además de las velas necesarias para la ceremonia que vayamos a realizar, se deben tener preparados una copa con agua bendita y el incienso. Para poder absorber el calor generado por el incienso ardiente, y evitar la posibilidad de que el altar se queme, se recomienda la utilización de un pebetero, el que deberá llenarse hasta la mitad con tierra o arena.

Las velas

Preferimos las velas de miel pura y jalea real que, debido a sus componentes, son sumamente energéticas y poseen la mayor vibración. Se pueden fabricar comprando láminas de cera de abeja (ver Capítulo II, Fabricación de velas) o bien adquirir las velas ya terminadas. Por sus poderosas propiedades, estos cirios son los más costosos e incluso difíciles de conseguir.

Asimismo, se puede optar por velas de origen vegetal, como las de parafina o aquellas que mezclan los dos componentes.

Bajo ninguna circunstancia recomendamos utilizar velas de sebo animal, ya que al quemarse las mismas irradian una carga de energía negativa, derivadas de su origen.

Para cada súplica se utiliza una sola vela, requiriendo cada ritual de una vela distinta, algo tan importante como el componente color. Dado que la velomancia posee íntimas relaciones con la cromoterapia, en buena medida el éxito de un ritual depende de la elección apropiada del color de las velas. En el capítulo mencionado, enseñamos a fabricar velas de colores a partir de velas blancas, abaratando de ese modo el acceso a la vela adecuada para cada ceremonia.

Las velas se subdividen en tres grupos:

1. Velas de Ofertorio: representan el principio activo en cualquier situación, siendo el motor del bien o el mal. Se ubican en la sección delantera del altar, justo enfrente de las velas de altar, las que por lo general permanecen inmóviles en la parte posterior. En cada caso, la forma del ritual dictará las posiciones correctas y el eventual movimiento de las velas.

2. Velas de Altar: se ubican en la parte posterior del altar, una a cada lado del mismo. Siempre son dos y de color blanco, de 20 a 30 cm de alto. De ser posible, se sugiere utilizar velas de cera de abeja, ya que éstas representan a la deidad y al reino espiritual, esfera con la que estamos tratando de contactarnos, utilizando las velas de altar como puente. En la mayoría de las ceremonias son las primeras en encenderse y las últimas en apagarse.

3. **Velas del Zodíaco:** llamadas también velas astrales, representan a la persona implicada en el ritual, de acuerdo con su signo de nacimiento. Además, las velas zodiacales se eligen de acuerdo con la o las personas para las que se desarrolla la ceremonia, sobre las que se desea influir, ayudando al pedido formulado en el ritual.

Candelabros

No deben ser muy grandes. Es importante que el altar no se vea muy sobrecargado por una gran cantidad de elementos.

Los tres tipos de candelabros más utilizados son el Portavela –habitualmente fabricado en latón–, el Angélico –compuesto de cristal– y el Altar –realizado en ónix–.

Encendido y apagado de velas

Se recomienda la utilización de fósforos de madera: el golpe del fósforo para encender el fuego simboliza en cada acto el descubrimiento del fuego por el hombre primitivo. Si éste adoraba el fuego, gran parte de nuestra cultura surge de la posibilidad de generar luz y calor. No prenda, pues, la vela con encendedores o procedimientos electrónicos de ningún tipo.

Si al encender la vela la llama se mantiene serena y vertical, sin ondulaciones, significa que es el momento propicio para iniciar nuestra meditación. Si por el contrario la llama oscila, puede significar que existe intranquilidad espiritual en la persona que la está encendiendo o en los elementos invisibles que la rodean. En estos casos es aconsejable suspender el ritual, pero no apagar la vela, sino esperar a que ésta se consuma.

Cuando el ritual haya terminado es preciso apagar las velas de forma correcta. Para ello es necesario quitarles la fuente de oxígeno, lo que se logra utilizando un despabilador de velas o en su defecto, un vaso o recipiente invertido. Nunca se debe despabilar la vela con el índice y el pulgar ni tampoco soplándola, porque se anulará el pedido realizado. Y por sobre todo, nunca olvide que la llama representa nuestros deseos y nuestra luz interior.

Si la vela se apaga sola antes de consumirse completamente, no se debe volver a encender, pues es un indicio de que el pedido realizado se ha trabado o cortado.

HORA	DOMINGO	LUNES	MARTES	MIERCOLES	JUEVES	VIERNES	SABADO	HORARIO
1	SOL	LUNA	MARTE	MERCURIO	JUPITER	VENUS	SATURNO	12-01 a.m.
2	VENUS	SATURNO	SOL	LUNA	MARTE	MERCURIO	JUPITER	01-02 a.m.
3	MERCURIO	JUPITER	VENUS	SATURNO	SOL	LUNA	MARTE	02-03 a.m.
4	LUNA	MARTE	MERCURIO	JUPITER	VENUS	SATURNO	SOL	03-04 a.m.
5	SATURNO	SOL	LUNA	MARTE	MERCURIO	JUPITER	VENUS	04-05 a.m.
6	JUPITER	VENUS	SATURNO	SOL	LUNA	MARTE	MERCURIO	05-06 a.m.
7	MARTE	MERCURIO	JUPITER	VENUS	SATURNO	SOL	LUNA	06-07 a.m.
8	SOL	LUNA	MARTE	MERCURIO	JUPITER	VENUS	SATURNO	07-08 a.m.
9	VENUS	SATURNO	SOL	LUNA	MARTE	MERCURIO	JUPITER	08-09 a.m.
10	MERCURIO	JUPITER	VENUS	SATURNO	SOL	LUNA	MARTE	09-10 a.m.
11	LUNA	MARTE	MERCURIO	JUPITER	VENUS	SATURNO	SOL	10-11 a.m.
12	SATURNO	SOL	LUNA	MARTE	MERCURIO	JUPITER	VENUS	11-12 a.m.
13	JUPITER	VENUS	SATURNO	SOL	LUNA	MARTE	MERCURIO	12-01 p.m.
14	MARTE	MERCURIO	JUPITER	VENUS	SATURNO	SOL	LUNA	01-02 p.m.
15	SOL	LUNA	MARTE	MERCURIO	JUPITER	VENUS	SATURNO	02-03 p.m.
16	VENUS	SATURNO	SOL	LUNA	MARTE	MERCURIO	JUPITER	03-04 p.m.
17	MERCURIO	JUPITER	VENUS	SATURNO	SOL	LUNA	MARTE	04-05 p.m.
18	LUNA	MARTE	MERCURIO	JUPITER	VENUS	SATURNO	SOL	05-06 p.m.
19	SATURNO	SOL	LUNA	MARTE	MERCURIO	JUPITER	VENUS	06-07 p.m.
20	JUPITER	VENUS	SATURNO	SOL	LUNA	MARTE	MERCURIO	07-08 p.m.
21	MARTE	MERCURIO	JUPITER	VENUS	SATURNO	SOL	LUNA	08-09 p.m.
22	SOL	LUNA	MARTE	MERCURIO	JUPITER	VENUS	SATURNO	09-10 p.m.
23	VENUS	SATURNO	SOL	LUNA	MARTE	MERCURIO	JUPITER	10-11 p.m.
24	MERCURIO	JUPITER	VENUS	SATURNO	SOL	LUNA	MARTE	11-12 p.m.

Vestimenta

El ritualista debe cubrir su cuerpo con ropa holgada y cómoda, preferentemente de color blanco o del color zodiacal correspondiente. Es conveniente tener una prenda exclusiva para estas ceremonias, evitando de este modo las vibraciones cruzadas o negativas que podrían alterar la eficacia del ritual.

En lo posible, se recomienda estar recién bañado o al menos con las manos limpias; sin aros, anillos o elementos de metal, los que pueden cortar el fluido de energía.

Existen quienes practican los ritos desnudos, como un modo de entrega de cuerpo y espíritu, ya que consideran a la vestimenta como un obstáculo, un objeto artificial que forma parte de lo mundano y no de lo espiritual.

Si usted lo desea y tiene la posibilidad, puede desnudarse para practicar el ritual.

Ambiente apropiado e incienso

El lugar elegido para el altar debe permanecer a oscuras, con preferencia un espacio donde no haya demasiado ruido ni grandes movimientos que dispersen la energía.

Si es posible, el cuarto tiene que estar alejado del resto de la casa, donde sólo nosotros podamos acceder, física o simbólicamente. Nadie mas podrá entrar allí, ya que es nuestro hogar místico y divino, el espacio donde realizaremos nuestras invocaciones y nuestra magia.

Como el alma, el templo personal es el refugio de nuestro ser invisible que se comunica con las elevadas dimensiones de luz universal.

No hay que colocar en el altar nada de color oscuro o negro que, inadvertidamente, pueda invocar a entidades astrales malignas, capaces de controlar el alma subconsciente y hacerlo participar en rituales negativos contra nuestra voluntad.

Por último, se deben tener en cuenta las precauciones propias del trabajo con fuego, ya que en algunos rituales es necesario dejar arder las velas hasta que se consuman.

El incienso debe formar parte del ritual para crear un ambiente propicio, una atmósfera que lleve la mente a un estado que conduzca a una buena ceremonia.

Cómo escribir una vela

Para escribir una vela no deben utilizarse metales ni elementos filosos, ya que estos suelen cortar las vibraciones. Lo ideal es utilizar un palillo de madera que se emplee exclusivamente para este fin. La escritura se realiza ejerciendo presión con dicho palillo y antes de uncir la vela.

Tomando en cuenta la base de la vela como el centro, la escritura debe realizarse hacia la luz, es decir, desde la base hasta el pabilo, para que nuestras palabras terminen justamente en donde la magia de las velas comienza a tener efecto.

Algunos ritualistas recomiendan realizar la escritura con tinta sagrada, mágica o energizada, ya que ésta forma parte de las prácticas de las más antiguas escuelas de ocultismo.

Uncido de la vela

El uncido o vestido de la vela es el tratamiento del cirio, previo al encendido del mismo para deshacerlo de lo mundano y convertirlo en un objeto sagrado.

Para ello se debe frotar la vela con resinas o aceites y así convertirla en un cirio con las propiedades vibratorias de la fragancia elegida.

Si el ritual requiere velas escritas –el caso de las velas zodiacales o las velas de forma, en las cuales es necesario escribir el nombre de las personas involucradas– la escritura debe realizarse antes del uncido, ya que es fundamental que toda la superficie quede cubierta por los aceites.

Como ya hemos mencionado, para el uncido, la vela se considera dividida en dos mitades iguales: desde el centro hasta la mecha es el polo norte, y desde el centro hasta la base, el polo sur. Para vestir la vela se comienza por disponer aceite de unción en los dedos, frotando las manos. Luego se pasa a los cirios describiendo el siguiente movimiento: desde el centro hacia la mecha y desde el centro hacia la base. Es importante hacer coincidir la mecha con el norte y la base con el sur (se puede utilizar una brújula o tomar el sol como guía).

Repetimos la importancia de este procedimiento pues del mismo depende la conversión del objeto profano en uno sagrado.

Para que las dos mitades de la vela se revistan con idéntico número de movimientos, se recomienda concentrarse en un número y efectuar los deslizamientos de manera tal que la zona trabajada quede completamente cubierta de aceite o de la sustancia elegida para la ocasión.

Primer paso del ritual, mientras ungimos la vela, debemos pensar en las personas implicadas, en los motivos, en sus consecuencias y, sobre todo, en fortalecer la convicción de que las velas tienen magia y su luz nos ayudará y acompañará en nuestra vida, siempre que sepamos cómo realizar los pedidos.

De no contar con aceite de uncir, se puede utilizar aceite de cocina, siempre respetando los procedimientos del uncido antes descriptos.

Aceite para uncir
Para el uncido de las velas se utiliza:
- incienso líquido;
- perfumes de vela (excelente alternativa, fácil de conseguir en perfumerías);
- hierbas con propiedades (aunque algunas escuelas de ocultismo consideran que, al quemarse, estas sustancias modifican las formas naturales de los cirios, razón por la cual no recomiendan su utilización).

Nota: el modo más sencillo de trabajar con hierbas es distribuir la resina o yuyo sobre una superficie lisa y, con la vela cubierta de aceite, desplazarla con un movimiento rodante hasta cubrirla de forma pareja con la sustancia.

Runas y otros símbolos mágicos

En el inglés antiguo y los idiomas relacionados, la palabra *runa* significa "misterio o secreto". Las runas son letras del alfabeto que se utilizan para transcribir palabras con significados mágicos. Existe una gran variedad de runas, incluida la druida, los jeroglíficos egipcios, la escritura tebana, la pica, la celestial y la celta.

Para hacer una vela con runas se debe escribir en una vela blanca (con un palillo) el símbolo mágico al que se desea realizar una ofrenda. Recuerde no utilizar elementos cortantes para realizar el grabado ya que, como mencionamos anteriormente, la vela nunca debe ser *cortada*. Una vez inscriptas las runas se puede uncir la vela, cubriendo toda la superficie de la misma, quedando así la vela sellada y lista para el encendido.

Además de los mencionados, existen otros tipos de símbolos que pueden grabarse o pintarse sobre las velas. El pentagrama, representación de los cuatro elementos de la antigüedad (fuego, agua, aire y tierra) coronados por el espíritu, es utilizado en un gran número de ceremonias mágicas; cuando apunta hacia arriba, el pentagrama simboliza aspiraciones espirituales; y cuando apunta hacia abajo, constituye un símbolo negativo de la magia negra.

Otro antiguo símbolo mágico es el llamado *Sello de Salomón*, el cual consiste en un hexagrama formado por dos triángulos entrelazados, apuntando uno hacia arriba y el otro hacia abajo; es el símbolo del alma humana.

El *Ankah* es un antiguo símbolo egipcio conformado

por una cruz, rematada por un lazo; es símbolo de la vida y del conocimiento cósmico y de todos los dioses y diosas egipcios de importancia. Es apropiado para ser incluido en las velas que están destinadas a ritos relacionados con la salud, la fertilidad o la adivinación. Otro de los símbolos de este origen es el llamado *Ojo de Horus*, el cual simboliza las energías solar y lunar; su grabado se realiza para la protección espiritual.

Ademas de los símbolos mágicos mencionados existen otros, tanto antiguos como modernos, que pueden ser utilizados para fortalecer las velas mágicas específicas. Entre estos símbolos se encuentran aquellos que se acostumbra utilizar a los inicios de cada una de las estaciones del año, los que se emplean al empezar cada mes.

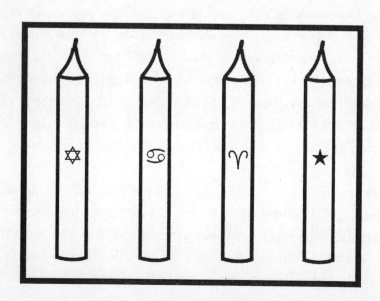

Fases de la luna

Para la realización de un ritual es también conveniente también tener en cuenta las fases de la luna.

Cuarto creciente (de la luna nueva a la luna llena): se recomienda este período para los pedidos relacionados con desarrollo, crecimiento o expansión, ya que al mismo tiempo que crece la luna, lo hará también el asunto por el que se realiza el ritual. Cuanto más cerca se encuentre la fecha de la luna nueva, más propicias serán las condiciones.

Cuarto menguante (de la luna llena a la luna nueva): para quienes realizan rituales en los que solicita disminución, decrecimiento o eliminación, pues conforme a la disminución de la luna, se reducirá nuestro requerimiento.

Nota: no es conveniente realizar rituales durante los tres días que preceden a la luna nueva, poco propicios para la realización exitosa de pedidos. Tampoco se recomiendan ceremonias durante la luna llena, etapa de funcionamiento astral inferior, salvo en el caso de rituales relacionados con el caos o el desorden.

El arte negativo de las velas en la Magia Negra

Hemos señalado la vital importancia del cuidado en el uso de las velas: los cirios tienen mucha fuerza, siendo en ocasiones causales de grandes daños. Tanto los rituales como las velas pueden volverse contra uno si se los realiza con fines inapropiados, sobre todo, para hacer el mal o en contra de la voluntad de algún otro ser.

Está en contra de nuestras creencias capturar u obligar a otro por medio de un ritual, pues esta actitud genera un Karma espiritualmente negativo. Lo consideramos erróneo y lo desaconsejamos.

Tampoco recomendamos utilizar velas negras, ya que requiere de una gran capacidad por parte del ritualista, así como de una gran altura espiritual para poder manejar la energía que estas velas poseen para hacer el bien.

La magia negra es una herramienta del mal, provoca obstrucciones, llegando a generar la muerte y la desunión. No es nuestra intención transmitir los secretos de este arte milenario para hacer el mal. Es por este motivo que no se detallan en este libro rituales de magia negra.

Rituales tradicionales con velas

En este capítulo nos internaremos en el aspecto más importante del trabajo con velas: el ritual. Esta ceremonia puede describirse como el momento en el que hacemos real la magia de las velas; es decir, las prácticas que preceden, acompañan y terminan con el apagado de los cirios.

La historia de los rituales se encuentra íntimamente relacionada con la de las religiones: hemos mencionado en la primera parte de este libro que la fe que se deposita en la ceremonia es el principal componente de cualquier práctica con velas.

Según los diversos cultos, se utilizan invocaciones, oraciones o salmos para pedir el apoyo de los diversos entes espirituales, quedando este aspecto librado a la creencia del peticionario.

Proponemos a continuación algunos ejemplos de estas ceremonias, las cuales recomendamos no ser tomadas literalmente, como la única forma correcta de realizar los trabajos, pues la magia con velas nos propone para su realización una variedad inmensa de posibilidades. Es aquí nuestra intención proporcionar al ritualista los elementos más representativos extraídos de las tradiciones más antiguas, aún activos en nuestros días. Estos rituales son simples, disponibles para cualquier persona y realizables con los materiales más elementales.

La iniciación en el ritual

Al iniciarnos en este arte nos adentramos en un mundo mágico sin igual. Para poder aprender de esta experiencia tan rica y particular, les proponemos llevar un diario del ritual. Recomendamos anotar allí todos los detalles respecto de las ceremonias que se vayan realizando, como por ejemplo los sentimientos presentes en el momento de realizar el ritual, el motivo del mismo, los poderes invocados y todos los detalles considerados relevantes. También se debe anotar cualquier cosa inusual que suceda en el transcurso de la ceremonia, recordando que hay que ser absolutamente honestos al respecto: si no lo somos, a los únicos que estaremos engañando es a nosotros mismos. Del mismo modo, es importante verificar los resultados de nuestra tarea de una manera crítica, tratando siempre de discernir entre los fenómenos físicos y los espirituales. La correcta lectura de este diagnóstico será la base de las futuras experiencias ritualistas.

Por último, es trascendental aprender a discriminar entre lo que se desea y lo que realmente se necesita en las cuestiones importantes de la vida, pues en la confusión de estos dos conceptos se encuentra el motivo de muchos de los fracasos a la hora de peticionar en este tipo de ceremonias.

Ritual de atracción

Detallaremos a continuación los conceptos básicos para realizar la mayoría de los rituales de este tipo. No nos detendremos en cuestiones particulares, en las cuales varían unicamente las condiciones predominantes en el momento del ritual, el temperamento personal o la filosofía. Las velas varían sólo de acuerdo con lo que deseamos atraer: las zodiacales son para las personas; las de ofertorio, para los asuntos concernientes a ellas, sus esperanzas, sus deseos, o los sentires en un asunto determinado. Representamos los poderes planetarios y angélicos con las velas del color correspondiente colocadas sobre el altar y a la deidad, con las velas de altar, que como ya hemos dicho, son dos velas blancas de mayor altura que las demás.

Lo primero a establecer es la cantidad de días que debe durar un ritual. Para ello, debemos investigar quién rige la/s emoción/es o persona/s en que estamos interesados.

Veamos un ejemplo de este tipo de ritual.

Supondremos que deseamos atraer o provocar amor entre dos personas, y que éstas se encuentran separadas por una barrera de sospecha o desconfianza. Hay que tener en principio el consentimiento de ambas personas, y debe existir también el deseo de reacción o la posibilidad de atracción entre ambas.

Para iniciar la ceremonia utilizamos un incienso de Venus. Encendemos las velas de altar y a continuación las velas de desconfianza y sospecha; luego la vela zodiacal que representa al ritualista. Al final del altar se colocan las velas zodiacales que representan a los peticionarios, situándolas detrás de las velas negativas de la desconfianza y la sospecha, teniendo en cuenta que deben estar todo lo separadas que lo permita el altar. El espacio común en el centro es el lugar al que se está intentando atraerlos para el encuentro. Como el ritual de Venus puede llegar a durar seis días, tendremos que dividir el altar siguiendo una línea imaginaria que cruza el centro de izquierda a derecha. Obtendremos de este modo un total de seis movimientos iguales, de forma que el último día, con el movimiento del ritual, las velas se unirán y de ser posible, se tocarán. Del mismo modo, las velas se dividirán en seis secciones marcadas, de forma que el último día, cuando se enciendan por última vez, estén juntas y tocándose, tras lo cual termina el ritual y arde la última sección de las velas.

La sospecha y la desconfianza son representadas por una vela negativa que puede ser de color verde-negra, colocada entre ellas y delante de ellas de modo que bloquee las dos velas zodiacales; aquellas se prenden primero para que sean las primeras en consumirse. Como arden antes –y por ello están más bajas–, permiten a las velas zodiacales *mirar por encima* a las de la desconfianza y la sospecha y *verse* la una a la otra, como dos personas que se ven a la distancia, consciente cada una de la existencia de la otra. El último día, las velas de la desconfianza y la sospecha deberán haber ardido primero. Las dos velas zodiacales pueden entonces *encontrarse* sin que nada se interponga en su camino. A cada lado las velas rosa-verde de Venus representarán el crecimiento del amor, reemplazando a las velas negativas que ya no están allí.

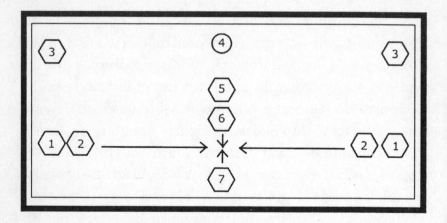

Ritual de destierro

Como en el ritual de atracción, hemos de presentar un ritual básico a partir del cual no será complicado construir uno similar para su propósito particular. El acto de destierro significa la eliminación, despedida o expulsión de un mal que nos aqueja.

Para nuestro ejemplo tomamos un caso general en el que frecuentemente tenemos que brindar ayuda: el destierro o la eliminación del mal o de influencias malignas.

El mal, si lo conocemos, lo podemos representar con las velas apropiadas. Por ejemplo, si el mal es una persona celosa o envidiosa, la representaremos con la vela zodiacal correspondiente, sobre la cual habremos colocado un poco de cera negra para indicar su intención maligna. Los celos se pueden simbolizar con una vela verde-negra, y la envidia, con una vela amarilla-negra a los costados de la vela zodiacal negada; el odio y la animosidad los podemos representar con una vela roja con unas gotas de cera negra. Para representar a una persona tirana o déspota que ejerce su autoridad de forma negativa, utilizamos una vela naranja-negra o púrpura-negra. Pueden ponerse estas velas junto con la vela zodiacal apropiada, si es que se conoce, o utilizarla por sí solas. Si el mal es desconocido, utilizamos para representarlo velas negras. Si sabemos que el mal proviene de una dirección específica, colocamos sus velas representantes en esa dirección, ubicando las velas defensivas en la posición adecuada sobre el altar, delante de esa dirección. Si siente que el mal está alrededor o que su dirección es desconocida, entonces simplemente rodeamos la vela zodiacal de la persona, como veremos en nuestro ejemplo.

Los elementos que necesitamos son: incienso, velas de altar, vela zodiacal para el peticionario, cuatro velas negras, cuatro velas rojas y cuatro velas blancas. La duración máxima del ritual es de nueve días consecutivos o nueve martes también consecutivos, siempre en las horas de Marte (ver cuadro en página 86).

Este ritual se realiza con la ascendencia del planeta Marte, fuerza marcial defensiva y combativa que rige la guerra y la defensa de los soldados.

Se comienza un martes a la hora de Marte. Dividimos nuestras velas en nueve partes iguales. Encendemos el incienso correspondiente a este planeta, que debe ser fuerte y estimulante. Encendemos la vela zodiacal del peticionario y la vela zodiacal que nos representa a nosotros, una junto a la otra; nombramos y declaramos nuestro deseo de ayudar en esta situación de adversidad.

Encendemos a continuación las velas negras, recordando utilizar una fuente separada de las utilizadas para el resto de los cirios. Nunca se deben usar las velas negras para encender ninguna otra, a no ser que sea una vela maligna o destructora. Invocamos entonces al Ángel Samael, protector del planeta Marte para que venga a ayudarnos en nuestro asunto. Tomamos el fuego de una de las velas de altar y encendemos las cuatro velas rojas de las esquinas. Cuando las velas rojas hayan llegado hasta la primera marca acercamos una sección hacia la vela zodiacal del centro y al mismo tiempo alejamos las cuatro velas negras una sección con respecto a la vela zodiacal. Cuando se alcanza la primera marca, apagamos las velas en el orden inverso al que fueron encendidas. Las velas de altar se dejan hasta el final y se les permite arder un poco más, apagándolas con la oración cierre, del mismo modo que fueron encendidas con la oración de apertura; entonces nos retiramos ritualmente de nuestro altar, invirtiendo el procedimiento del acercamiento.

El proceso de los días restantes del ritual es similar al primero. El día miércoles, en las horas de Marte (se utiliza esa hora hasta el último día del ritual), tendremos a las cuatro velas rojas de protección alrededor de la vela zodiacal del peticionario y a las velas negras totalmente alejadas. En el séptimo día podemos poner las cuatro velas blancas en los lugares que ocupaban las cuatro velas negras al inicio del ritual, las encendemos con el fuego de una de las velas del altar, dejándolas arder por completo, cerrando el ritual como en los días anteriores.

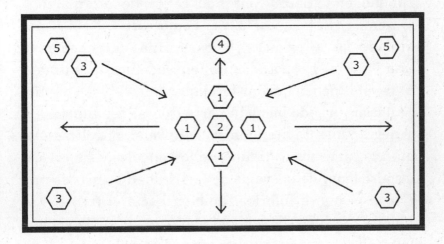

Ritual para agradecimientos

Los rituales no deben ejecutarse sólo en momentos de problemas o crisis. Se pueden hacer rituales para pedir por la paz o quizás sólo como un gesto de agradecimiento. Muchas veces sucede que al realizar estos rituales encontramos la solución a otros problemas. Esto es así porque con la mente tranquila y equilibrada, las posibilidades de resolución son mayores. Veamos un posible ejemplo de cómo llevar a cabo este ritual.

Se puede realizar cualquier día de la semana y a cualquier hora.

Para iniciar la ceremonia encendemos el incienso, eligiendo para esta ocasión uno que nos agrade en forma particular. Abrimos el ritual del modo acostumbrado, encendiendo nuestras velas de altar. Luego prendemos tres velas blancas con el fuego de una de las velas de altar, colocándola en forma de triángulo representando la Trinidad, en la parte frontal del centro del altar, al mismo tiempo que oramos: "En el nombre de Dios el Padre (encendemos la primera), Dios el Hijo (encendemos la segunda) y el Espíritu Santo (encendemos la última)". Estas velas deben quedar formando una "V", con el punto inferior dirigido hacia la parte frontal del altar.

Seguidamente prendemos siete velas angélicas-planetarias, una por cada uno de los ángeles. Las colocamos alrededor de las velas de la Trinidad formando una "V" con la punta inferior también hacia el frente. Encendemos primero la vela del fondo de la "V", la vela de Mercurio y luego en zig-zag encendemos la del Sol, sobre la Luna, directamente detrás de Venus, a la izquierda la de Júpiter, a la derecha de Marte y terminando naturalmente con Saturno. En el momento de encender cada vela damos gracias a cada ángel por sus bendiciones; sin pedir nada, tratando sólo de dar. Ponemos nuestra propia vela zodiacal en línea con la vela angélica planetaria que nos rige y con una de las velas blancas de la Trinidad, cualquiera que resulte conveniente, con lo que volvemos a tener tres velas en formación, la deidad, un ángel y nosotros. Podemos también colocar cualquier vela zodiacal que represente a personas que deseemos influir con este ritual de beneficio y bendición. Colocamos la vela zodiacal en línea con una vela de la Trinidad y con su vela angélica planetaria. Las velas zodiacales deben ser más pequeñas para que se consuman primero, siendo las velas de altar las que deben permanecer encendidas hasta el final.

Realice este ritual en días de descanso en los que no será perturbado y no tenga nada en particular que hacer; se verá gratamente sorprendido por los resultados que puede obtener en una atmósfera de paz y contemplación.

Ritual de emergencia

Con gran frecuencia nos encontramos ante situaciones que requieren una solución inmediata, lo que no nos permite la realización de un ritual tradicional. Nos pareció pues importante incorporar este tipo de ceremonias a la lista de rituales. Aclaramos que los rituales de emergencia sólo deben ser realizados debido a la necesidad y en contadas circunstancias. Esto nos permite modificar una situación en ocasiones en las que contamos con un plazo de tiempo menor al de la duración de los rituales tradicionales (recordemos que la duración media de estos es de siete días), ya sea porque nuestro estado emocional no es el apropiado o porque el pedido concreto que se desea hacer requiere de una respuesta rápida: es ahí donde debemos utilizar la concentración de la fuerza y la fe.

La ceremonia que proponemos consiste únicamente en el encendido de una vela y en la concentración en la misma, dado que, si se realiza con devoción, una sola vela puede tener más fuerza que un ritual entero.

Para la realización de este ritual, todo lo que se tiene que hacer es tomar una vela representativa del ángel o planeta que rige el asunto, invocar al ángel, encender la vela y ubicarla en su sostenedor.

Se debe tener cuidado con el uso de este modo de peticionar, dado que no es una propuesta para que los perezosos eviten los rituales que representan trabajo y dedicación, con el fin de obtener lo que desean con poco o nada de esfuerzo.

Finalmente, aconsejamos tener siete velas angélicas-planetarias (ver Capítulo VII, Rituales religiosos) guardadas adecuadamente para poder utilizarlas cuando surjan este tipo de ocasiones como un *equipo de emergencia*.

Rituales religiosos

Aunque la principal finalidad de este libro es compartir con los lectores los secretos más importantes de la magia con velas, consideramos oportuno sumar un capítulo sobre los aspectos religiosos de estas prácticas en la actualidad.

Ya hemos dicho que la fe, la confianza y la convicción son de vital importancia para la obtención de resultados favorables.

Las velas y su magia no son una diversión ni un entretenimiento: plena de mística y devoción, esta ceremonia no debe en ningún caso banalizarse o tomarse a la ligera.

Tampoco es recomendable abusar de los rituales, es decir, no es prudente encadenar ritual tras ritual, encender velas y apagarlas, unas tras otras, de un color u otro, en un sinnúmero de súplicas.

Debemos ser conscientes de que sólo la fe inquebrantable, la unción con devoción, la confianza en los poderes que invocamos, unidas a la solemnidad y la entrega totales, nos llevarán por el camino del bien y de la luz.

Nos interesa, pues, resaltar los aspectos religiosos, porque muchos ritualistas utilizan imágenes religiosas, oraciones y santos para reforzar sus pedidos, no importa que éste se refiera al amor, a la autoestima o al trabajo. Las figuras religiosas suelen estar presentes en sus altares: la fe no entiende de separaciones "oficiales". Cada ritualista podrá así componer *con los diferentes elementos que considere útiles o adecuados su propia ceremonia, su propio ritual.*

Ritual religioso

A diferencia de los rituales tradicionales, en este tipo de ceremonias se utilizan tres velas de altar, las que representan a Dios el Padre, Dios el Hijo y el Espíritu Santo. También se ubican en el altar las siete velas angélicas, que deben encenderse el día correspondiente.

Inicio del ritual

Comenzamos acercándonos al altar y juntando las palmas en actitud de oración. Nos mantenemos de pie por unos momentos y luego nos arrodillamos inclinando la cabeza hacia el altar. Mojamos en agua bendita los dedos, nos santiguamos y oramos:

En el nombre del Padre (al tocar la frente)
Del hijo (al tocar el esternón)
y del Espíritu Santo (al tocar el hombro izquierdo)
Amén (al tocar el hombro derecho).

Juntamos nuevamente las palmas de ambas manos, nos arrodillamos y recitamos con fe y convicción el Salmo, 49 (50), 12-14.*

Crea, oh Dios, para mí
un corazón limpio
y un espíritu firme
en mí renueva.
No me eches de delante de tu rostro
ni retires de mí tu santo espíritu.
Vuélveme la alegría de tu gracia
y fortaléceme con espíritu magnánimo

A continuación encendemos la vela de altar número uno, afirmando las siguientes palabras:

Bendito sea Dios el Padre,
Quien, mediante su poder
y amor omnipotente me creó,
creando a toda la humanidad
a su divina imagen y semejanza.

Encendemos la vela de altar número dos y decimos:

Bendito sea el hijo, Jesús Cristo,
el amor de Dios, encarnado en la Tierra,
quien vino del Padre para enseñarnos
el sendero al reino de los cielos
y a la vida eterna entre los santos.

* Los Salmos desde el 10 al 147 suelen tener dos numeraciones, por una variación entre la versión hebrea y la Vulgata. Aquí seguimos la edición de la Sagrada Biblia, Barcelona, Herder, 1977.

Encendemos la vela de altar número tres, afirmando:

Bendito sea el Espíritu Santo,
enviado a nosotros
por la gracia del Padre,
de acuerdo con la promesa
hecha por Jesús de Nazaret,
quien me santifica y me santificará
a todos los hijos de Dios.

Con esta última vela encendemos la primera vela angélica, mientras decimos recordando el Salmo 90 (91), 10-12

Bendito sea
(va el nombre de la persona)
a quien el Salmo dice:
No ha de tocarte el mal
ni plaga alguna llegará a tu tienda.
Pues tiene él a sus ángeles
mandados a que te guarden
en todos sus caminos

Salmo 103 (104), 4.

Haces tus mensajeros a los vientos
y al fuego abrasador ministro tuyo.

Juntamos las palmas y con la cabeza inclinada recitamos el Gloria:

Gloria al Padre,
al Hijo y al Espíritu Santo,
como era en un principio,
ahora y siempre,
por los siglos de los siglos.
Amén.

Encedemos el incienso y al elevarse el humo, decimos las siguientes palabras:

Bendito seas Dios eterno,
Ahora y siempre.

Tomamos el agua bendita y rociamos, siguiendo el sentido de las agujas del reloj, todos los rincones de la habitación. Rociamos también a la derecha e izquierda del altar, y luego delante del altar. Recitamos el Salmo 90 (91), 1-7 (se suele recitar este salmo para pedir protección contra los diversos peligros, tales como daños ocasionados por el fuego, o por el agua, los asesinos, los encarcelamientos, la peste, las enfermedades contagiosas o para evitar que otra persona sea objeto de influencias negativas):

Tú que al amparo vives
del Altísimo, tú que a la sombra
moras del Omnipotente.
Dile al Señor:
Refugio y ciudadela mía,
Dios mío en quien confío.
Porque él te librará

si oculto lazo
tienden los cazadores
y de la peste perniciosa.
Él te protegerá bajo sus plumas
y refugio hallarás bajo sus alas;
en su fidelidad broquel y escudo.
No tendrás terror nocturno,
ni saeta que vuele por el día.
Ni la peste que vaga en las tinieblas
ni contagio que devasta al mediodía.
Mil caerán a tu lado,
diez mil a tu derecha;
mas no haya miedo
que hasta ti se acerque.

En este momento del ritual quemaremos más incienso, haciendo la siguiente afirmación:

Quemo en este fuego el incienso
como símbolo de homenaje a Vos, Señor.

Tomamos ahora el pebetero y esparcimos el incienso
moviéndolo tres veces hacia el altar y luego por toda la
habitación. Volvemos delante del altar y moviendo el
pebetero tres veces para cada lado afirmamos:

En honor a ti, Miguel (hacia el este)
En honor a ti, Cassiel (hacia el sur)
En honor a ti, Anael (hacia el oeste)
En honor a ti, Gabriel (hacia el norte)

Colocamos nuevamente el pebetero en el altar y recitamos a continuación otro fragmento del Salmo 103 (104), 1-25.

Bendice, oh alma, a Dios;
Señor, Dios mío, ¡cuán grande eres!
Vestido estás de gloria y de belleza.
Cubierto estás de luz como de un manto.
El cielo desplegaste como tienda.
Encima de las aguas construiste
tu recámara, las nubes son tu carro,
y en las alas caminas de los vientos.
Haces tus mensajeros a los vientos
y al fuego abrasador ministro tuyo.
La tierra sobre asientos duraderos
has fundado, que no vacilarán
de siglo en siglo.

A continuación depositamos más incienso, lo prendemos meditando durante unos minutos sobre el propósito del ritual, y proseguimos con el mismo –ya sea para tener salud, atraer dinero o restaurar la armonía en determinada situación, etcétera–.

Finalización del ritual

Empezamos a apagar las velas en orden inverso al que fueron encendidas, dejando arder únicamente las velas de altar y la vela angélica del día correspondiente.

Si fuera necesario, quemamos más incienso. Recitamos el Salmo 150, 1-5:

Alabad al Señor
en su santuario,
alabadlo
en su augusto firmamento.
Loadlo por las grandes
obras suyas,
loadlo por su majestad
suprema.
Alabadlo al clamor
de la trompeta,
loadlo al son de cítara
y salterio.
Alabadlo con tímpanos y danza,
alabadlo con instrumentos
de cuerdas y con flautas.
Alabadlo con címbalos sonantes.
¡Todo lo que respira
al Señor loe!
¡Aleluya!

Seguidamente, apagamos la vela angélica mientras damos con nuestras propias palabras las gracias al ángel por la ayuda recibida.

Por último, antes de apagar las velas de altar, recitamos la siguiente oración:

Como el padre me conoce a mí,
que yo conozca mediante Jesucristo,
la puerta al Reino del Padre.
Enséñame el camino.

Unimos nuestras palmas y de rodillas inclinamos la cabeza. Nos levantamos y apagamos las velas del altar en orden inverso al que fueron encendidas.

Santos, santas y vírgenes

El uso de las velas en la liturgia católica es antiquísimo. Basta entrar a una iglesia para percibir el olor característico de la cera, ya que una de las costumbres de mayor arraigo en los fieles es encender velas a aquellas imágenes religiosas que simbolizan santos, ya sea para agradecer una gracia concedida o para solicitarla.

La ofrenda de una vela con la que se honra a los santos constituye un verdadero acto religioso y místico, cuyo objetivo es ofrecer la luz para realzar el esplendor y grandeza de aquéllos.

Respetando el atributo divino del libre albedrío y confiando en la fe de las personas, la invocación de los santos, conjuntamente con el ofrecimiento de las velas, son rituales realizados en ocasiones para resolver problemas de la cotidianidad, algunos de los cuales detallamos a continuación (junto al color de la vela que corresponde a algunos de ellos):

El Sagrado Corazón de Jesús: para las bendiciones diarias.

La Sagrada Familia: para la paz y el amor dentro de la familia.

Nuestra Señora de Lourdes: para ayudar a los enfermos.

Nuestra Señora del Perpetuo Socorro: para la ayuda en general.

San Antonio: para el éxito en general, la recuperación de un amor perdido o de un objeto robado.

San Basilio: para la justicia en los asuntos legales.

San Bernardo: para los favores especiales.

San Cayetano: búsqueda del trabajo y el dinero. Velas amarilla y blanca, amarilla, roja.

San Cirilo: para las necesidades y bendiciones cotidianas.

San Cristóbal: para la seguridad en los viajes. Velas verde y blanca.

San Francisco de Asís: para la serenidad y las bendiciones espirituales.

San Gerardo: para las mujeres embarazadas.

San José: para las bendiciones familiares y el trabajo. Vela Marrón.

San Judas Tadeo (Santo Patrón de los imposibles): Para la ayuda con los asuntos complejos. Velas verde y blanca.

San Lázaro (Santo Patrón de los pobres): para las necesidades cotidianas. Velas blanca, violeta, blanca y negra.

San Martín de Porres: para el desarrollo espiritual, la salud psíquica y la liberación del pecado.

San Miguel Arcángel: para el valor, la provocación de los enemigos y las fuerzas del mal. Velas roja y blanca.

San Pedro: para el desarrollo espiritual y la misericordia.

San Rafael Arcángel: para los buenos viajes.

Santa Ana (Madre de María): para las abuelas, la amistad y el amor. Velas blanca, violeta, rosa y celeste.

Santa Bárbara: para el valor y la protección. Velas blanca y roja.

Santa Clara: para la comprensión en todos los asuntos. Velas marrón y blanca.

Santa Elena: para vencer la tristeza y la aflicción.

Santa Juana de Arco: para el valor y la victoria. Velas blanca y roja.

Santa Lucía: para ser libre de todo mal. Velas violeta, azul, verde y blanca.

Santa María Magdalena: para mejorar uno mismo.

Santa Teresa: para la humildad y la espiritualidad.

Virgen de Lujan: para la protección en los viajes. Velas celeste y blanca.

Virgen María (Madre de Dios): para la salud y la necesidad de perdón. Velas blanca, verde o amarilla.

Salmos

El recitado de salmos en rituales con velas ha dado sorprendentes resultados a través de todos los tiempos. A continuación detallamos una lista de algunos salmos que pueden ayudar en los diferentes pedidos:

Salmo 1: para atraer la paz o la bendición a un hogar.

Salmo 3: para la defensa contra los enemigos y para la ayuda espitual.

Salmo 6: para los que beben en exceso.

Salmo 9b.(10): para alejarse de las influencias negativas.

Salmo 16 (17): para cambiar una situación infeliz por otra armoniosa, para reconciliarse con un enemigo.

Salmo 18 (19): para liberarse de las influencias negativas.

Salmo 19 (20): para obtener un veredicto favorable.

Salmo 25 (26): para obtener ayuda espiritual en el transcurso de un problema.

Salmo 26 (27): para que alguien salga antes de lo previsto de la cárcel.

Salmo 27 (28): para expulsar las influencias malévolas.

Salmo 29 (30): para dar gracias o recuperar la salud.

Salmo 33 (34): para que tenga final feliz un viaje.

Salmo 34 (35): para ganar un pleito contra una persona injusta o rencorosa. Para protegerse contra la ley.

Salmo 36 (37): para protegerse contra la difamación. Para que no nos dañen los chismes.

Salmo 37 (38): también para evitar problemas ocasionados por la difamación.

Salmo 39 (40): para pedir ayuda material (dinero, alimentos, ropa, etc.).

Salmo 47 (48): para ser respetado y amado por los demás.

Salmo 61 (62): para que tu hogar sea feliz.

Salmo 62 (63): para recibir las bendiciones sagradas.

Salmo 63 (64): para vencer los problemas.

Salmo 66 (67): para expulsar a un espíritu malévolo.

Salmo 68 (69): para liberarse uno de costumbres dañinas.

Salmo 69 (70): para defenderse de los enemigos.

Salmo 76 (77): para cubrir todas las necesidades diarias y no sufrir daños.

Salmo 98 (99): para llevar la paz y la armonía en las familias.

Salmo 99 (100): para incrementar el desarrollo espiritual.

Salmo 108 (109): para protegerse de un enemigo molesto.

Salmo 110 (111): para tener más amigos.

Salmo 113b (115): para expulsar del corazón los odios, la envidia y el rencor.

Salmo 118 (119): para obtener justicia en un pleito.

Salmo 123 (124): para estar a salvo al viajar por la noche.

Salmo 132 (133): para conservar el amor de los amigos y sumar otros nuevos.

Rituales angélicos

Lo primero que debemos hacer es contactarnos con nuestro ángel, ya que los ángeles sólo vienen a la Tierra cuando los hombres los necesitamos.

Para saber quién es el ángel que guía nuestras vidas se debe realizar el siguiente ejercicio de concentración: se debe escribir en una hoja los nombres de los arcángeles más importantes (Miguel, Gabriel, Rafael y Uriel), luego se coloca la hoja en el altar y se cierran los ojos. En silencio y concentrados, ubicamos el dedo índice sobre el papel. Este pequeño trabajo nos permite conocer

cuál es el nombre del arcángel principal que acompañará nuestra vida y al que le haremos nuestros pedidos de
protección.

Invocación al Arcángel Gabriel

Este ángel se invoca cuando la persona necesita realizar un cambio de 360 grados en su vida, ya que este
ser posee la fuerza de la transfor-
mación. Es también el ángel de
los grandes acontecimientos,
los grandes sucesos, las grandes modificaciones.

Para invocarlo se utiliza
una vela angelical en la que
escribiremos el nombre de
Gabriel, y una vela blanca
en la que inscribiremos el
pedido de transformación de
la nueva etapa. En un papel
blanco se inscriben los datos
personales y, nuevamente, el
nombre de Gabriel.

Las dos velas y el papel deben colocarse en el altar,
formando entre sí un triángulo.

Es necesario algún instrumento sonoro, por ejemplo
dos palillos o una campana.

Se enciende primero la vela blanca, pronunciando
el nombre de Gabriel; luego la del pedido, y se lo pro-
nuncia. A continuación se toca el instrumento sonoro
elegido.

El resto de los cirios se descartan lejos de la casa y el papel se guarda para invocarlo cada vez que sea necesario.

Invocación al Arcángel Rafael

Relacionado íntimamente con la curación, este ser asiste a enfermos y a todos las personas que sufren de dolores corporales y espirituales. Se lo suele invocar para pedir por la salud del consultante o de un familiar.

Existen dos modos de realizar este ritual: el primero consiste en escribir en una hoja en blanco los datos personales y el nombre del ángel, en este caso Rafael.

Luego, en siete velas se inscribe la sanación y se las baña con tinta dorada. Se encienden las velas dispuestas en un semicírculo, mientras se nombra en voz clara y firme el nombre del arcángel.

La segunda forma de realizar este ritual es utilizando dos velas: una para el arcángel y otra para el pedido, junto con el papel en blanco. El procedimiento del ritual es muy parecido al del arcángel Gabriel, sólo que esta vez, al finalizar el ritual deben tocarse siete campanadas.

Es importante conservar el papel en blanco donde se

escriben los datos personales y el nombre del arcángel para poder invocarlo en el momento que se necesite.

Invocación al Arcángel Uriel

Se relaciona a Uriel con la salvación. Se lo suele invocar cuando entendemos que algo de lo que estamos haciendo en nuestra vida no va por buen camino, y queremos reflexionar para mejorar la situación. Uriel tiene la capacidad de advertirnos, es una señal de alerta a la cual debemos prestar atención si no queremos salir mal heridos de nuestra propia existencia.

Para este ritual se necesitan nueve velas (tres blancas, tres anaranjadas y tres amarillas). Se escribe en el papel en blanco el nombre de Uriel, con el mismo procedimiento recién mencionado, y se lo ubica en el centro del altar. Se distribuyen las velas de la siguiente manera: las tres anaranjadas, adelante; las tres blancas y una amarilla, detrás; y una amarilla a cada lado del papel. Las velas amarillas no se escriben porque sirven como potenciadoras de los otros cirios. En las velas anaranjadas se escribe el nombre del ángel y en las otras el pedido, siempre recordando que la escritura se realiza de la base hacia la mecha.

Antes de prender las velas se debe decir en voz alta

el nombre del ángel y el pedido, luego se tocan siete campanadas y se realiza el encendido de las velas.

Invocación al Arcángel Miguel

Es el príncipe de la Luz, el que nos protege de nuestros enemigos; se le pide ayuda para avanzar, sin que las interferencias externas o negativas traben nuestro camino.

Para este ritual se puede utilizar la vela tijera o abrecaminos y dos velas de altar. Para invocar al arcángel se procede a escribir con tinta los datos personales y el nombre Miguel (recordar que el papel se debe guardar para reutilizar cada vez que lo necesitemos). Al igual que en las invocaciones anteriores, es necesario nombrar al arcángel así como también el pedido efectuado. Prender las velas y dejar que se consuman.

Son muchas las personas que han recibido ayuda de estos seres celestiales. Tal vez, con los elementos que aquí les hemos brindado, puedan también comenzar a recibir su protección.

Se debe recordar que para realizar rituales con los ángeles se pueden utilizar las velas angélicas o planetarias, conformadas o recubiertas por siete bandas de color, una por cada día de la semana y por el ángel que lo rige.

Desde la mecha a la base el orden de los colores debe ser el siguiente: Domingo/naranja/Sol

Lunes/blanco/Luna

Martes/rojo/Marte

Miércoles/amarillo/Mercurio

Jueves/morado/Júpiter

Viernes/rosa o azul/Venus

Sábado/verde oscuro/Saturno

Este orden supone que se va a comenzar el domingo; de no ser así, empiece con el día elegido en la parte superior. Se debe dejar arder sólo la parte de la vela dedicada a ese día, apagándola al llegar al siguiente color. Y así sucesivamente.

Y siempre invoque al ángel apropiado: lo que se puede hacer de manera óptima en la hora angélica o planetaria indicada, pidiendo protección o bendición para ese día. Si no le es posible hacerlo en la hora planetaria correcta, hágalo como uno de los primeros actos del día antes de iniciar los asuntos cotidianos.

Relación de la velomancia con otras mancias

La velomancia es el arte de adivinar a través de las velas. En las primeras páginas del libro mencionamos la extraordinaria capacidad de predicción de los cirios desde tiempos remotos.

En este capítulo abordaremos el modo en que se conectan los diversos elementos que forman parte de la velomancia con otras mancias, para juntas develar la magia y la energía de estas prácticas milenarias. Estudiaremos los descubrimientos que facilitan la realización de los rituales con velas, así como la teoría y comprensión de sus correspondencias.

Único e irrepetible, cada ser humano posee características particulares dadas por su relación con astros, signos y ángeles. El análisis de esos elementos fortalecerá y enriquecerá la práctica de la velomancia.

Señalaremos, por último, que tanto el ritual como el ritualista velomántico se verán fortalecidos y enriquecidos al complementarse el trabajo con otras mancias, ganando seguridad sobre el trabajo que se está realizando.

Angelología

Los ángeles acompañan nuestros corazones para ayudarnos a ser mejores personas; son seres espirituales, inteligentes, poderosos e iluminados por el Espíritu Santo. Al invocarlos recibimos inspiración, que nos ayuda a confiar en nuestros pedidos.

Estos seres están presentes en todos los grandes momentos de la vida: cuando estamos felices y cuando enfrentamos situaciones que nos ponen a prueba, como el fallecimiento de un ser querido, importantes pérdidas emotivas, el momento en que creemos que todo está perdido. Los ángeles son la prueba de que no estamos solos, que poseemos el apoyo de seres superiores, siempre y cuando sepamos pedirlo.

Si bien todos tenemos ángeles dispuestos a cuidarnos, el ángel guardián es el más importante, pues se presenta desde el momento mismo de nuestro nacimiento.

Personas a las que queremos mucho y fallecen jóvenes, antes de tiempo o por alguna injusticia, suelen convertirse en nuestros cuidadores, acompañándonos por el resto de la vida, resguardándonos de accidentes, males y desgracias.

Cuenta una historia que existió un ángel llamado Lucifer quien formaba parte de los siete Grandes Arcángeles, siendo su función dentro del sistema solar custodiar el planeta Venus. A pedido de Dios, Lucifer bajó a la Tierra con el objeto de enseñarles a los hombres la parte oscura de la vida. Por el modo como Lucifer realizaba esta tarea –sometiendo a los hombres a la tentación, poniéndolos a prueba a cada momento– se hizo de una mala imagen, aunque en definitiva, él sólo enseñaba que no es posible ver claramente la luz hasta que se ha experimentado la oscuridad.

La relación de los ángeles y la velomancia es muy cercana, ya que para la invocación de aquéllos utilizamos velas: los cirios nos ayudan a contactarnos con el ángel que nos cuidará y guiará en nuestras vidas. En el Capítulo VII, Rituales religiosos encontrarás en detalle los secretos de las ceremonias angélicas.

Astrología

La astrología, también conocida como astromancia, es el arte adivinatorio más popular y también uno de los más antiguos. Sus orígenes se pierden en el tiempo, pero quienes lo sistematizaron por primera vez fueron los pueblos caldeos, estableciéndose su origen histórico en Babilonia. Desde allí fue transmitido al mundo.

La base de la astrología es el *zodíaco*, que significa "imágenes de animales". En una franja del cielo podemos encontrar las doce constelaciones del zodíaco: Aries, Tauro, Géminis, Cáncer, Leo, Virgo, Libra, Escorpio, Sagitario, Capricornio, Acuario y Piscis.

La zona de influencia de cada una de ellas tiene el nombre de casas. La Tierra y el Sol recorren estas casas durante todo un año, y dejan que la influencia de cada una de ellas se deje sentir en nuestro planeta.

Bajo este principio surge la carta astral, que es la base de todo estudio astrológico, y que recomendamos conocer para poder aplicarla en la adivinación o en los rituales con velas, facilitando así la adivinación del futuro o las características de la personalidad del tercero por el cual se va a peticionar.

El zodíaco y sus rituales

A continuación se describen los rituales tradicionales del zodíaco, detallando las características propias de cada signo y las velas necesarias en cada ocasión. Se destacan también los planetas dominantes y la influencia de los cuatro elementos en la vida de cada persona.

Aries (21 de marzo al 20 de abril)
Planeta: Marte.
Elemento: fuego.

Velas: rosadas, blancas y rojas.

Ritual: elegir siete margaritas, colocarlas en un florero o un vaso, encender una vela blanca, una rosada y una roja, pedir al Creador paz para la familia, armonía en el hogar, amor y pasión en el matrimonio, pureza de espíritu para crecer y el inicio de nuevos proyectos.

Tauro (21 de abril al 21 de mayo)

Planeta: Mercurio.

Elemento: tierra.

Velas: rojas y verdes.

Ritual: tomar cuatro monedas y colocarlas en los cuatro polos geográficos (norte, sur, este y oeste) para que se abran los cuatro caminos de paz, amor, prosperidad y salud. Encender dos velas verdes y dos rojas, pedir al Creador la fuerza y la tenacidad necesarias para llevar a buen término los trabajos que se propongan.

Géminis (22 de mayo al 21 de junio)

Planeta: Mercurio.

Elemento: aire.

Velas: anaranjadas, azul claro, verde y violeta.

Ritual: colocar aceite esencial de lavanda o de violeta en un perfumador y prenderlo. Encender una vela anaranjada, una azul, una verde y otra violeta, colocándolas de manera que formen un cuadrado. De ese modo se solicita al Creador nos otorgue el amor universal y terrenal, el éxito espiritual y en los negocios, y el poder para cambiar lo negativo en positivo.

Cáncer (del 22 de junio al 22 de julio)
Planeta: Luna.
Elemento: agua.
Velas: azul claro, moradas y blancas.
Ritual: encender una vela azul claro, una morada y otra blanca. Colocar en el centro un platito con agua y sal, pedir al Creador paz en nuestra casa y trabajo, amor de todos los que nos rodean, y que amigos, familiares y vecinos cambien para crecer en espíritu.

Leo (del 23 de julio al 23 de agosto)
Planteta: Sol.
Elemento: fuego.
Velas: anaranjadas, rosadas y amarillas.
Ritual: colocar doce claveles de cualquier color y encender una vela amarilla, una anaranjada y una rosada, formando el triángulo de Dios. Pedir al Creador por el éxito en los negocios, prosperidad en la casa y para que el amor reine en el hogar donde está el centro de la energía positiva.

Virgo (del 24 de agosto al 23 de setiembre)
Planeta: Mercurio.
Elemento: tierra.
Velas: ámbar, verde, anaranjada y violeta.
Ritual: colocar esencia de lavanda o jacinto en un perfumador y encenderlo. Prender una vela ámbar, una verde, una naranja y otra violeta. Pedir al Creador que se abran los caminos hacia la salud para usted y todos en su hogar, éxito en los negocios y en los juegos, calor

amoroso de sus familiares y amigos, y el poder para trasmutar las tinieblas en luz.

Libra (del 24 de setiembre al 23 de octubre)
Planeta: Venus.
Elemento: aire.
Velas: ámbar, verdes y moradas.
Ritual: encender una vela ámbar, una verde y otra morada, en una línea. Colocar una llave delante de la vela verde. Pedir al Creador por la salud, porque se abran los caminos del éxito y la prosperidad en la casa y en el trabajo, y porque todo lo triste y negativo se torne en buenos augurios y buenas noticias.

Escorpio (del 24 de octubre al 22 de noviembre)
Planetas: Marte y Plutón.
Elemento: agua.
Velas: amarillas, rojas y azules.
Ritual: Colocar un clavel en un recipiente adecuado, encender una vela amarilla, una roja y una azul. Pedir al Creador para lograr sus deseos de amor y pasión, poder alcanzar el éxito en sus negocios, obtener la paz espiritual y el crecimiento personal.

Sagitario (del 23 de noviembre al 21 de diciembre)
Planetas: Júpiter.
Elemento: fuego.
Velas: azul oscuro.
Ritual: encender una vela azul, para alejar lo negativo y desagradable. Colocar una azucena en el altar o me-

sa del ritual, para la paz espiritual. Pedirle al Creador por la paz del mundo y por la paz interna para poder colaborar en comunidad por la justicia y el progreso.

Capricornio (del 22 de diciembre al 20 de enero)
Planeta: Saturno.
Elemento: tierra.
Velas: azules, rojas, amarillas y negras.
Ritual: hacer un círculo con sal; en el centro ubicar y encender una vela blanca para la estabilidad económica, la luz y contra las tinieblas. Prender fuera del círculo una vela roja, una amarilla y una negra para pedir al Creador por el amor de la familia, por la prosperidad en el hogar, por la salud, la de los familiares y amigos y por el éxito en la carrera profesional.

Acuario (del 21 de enero al 19 de febrero)
Planetas: Saturno y Urano.
Elemento: aire.
Velas: amarillas, azules, rojas, rosadas y negras.
Ritual: encender una vela roja para pedir un amor sincero y duradero, una vela amarilla por el trabajo, una vela azul para la paz espiritual y una vela rosada por que el amor tierno y desinteresado lo rodee. Se puede encender también una vela negra para elevar el nivel de consciencia y permitir el crecimiento espiritual.

Piscis (del 20 de febrero al 20 de marzo)
Planeta: Júpiter y Neptuno.
Elemento: agua.

Velas: verde esmeralda y azul claro.

Ritual: verter esencia de lirio o de jazmín en un recipiente con agua; agregar pétalos de un crisantemo. Encender una vela azul claro, para que crezca la espiritualidad, una verde para lograr las metas, y una rosada para lograr o afianzar el amor.

Feng shui

El Feng shui es un arte milenario chino que literalmente significa "viento-agua". Su práctica se remonta más de 3000 años atrás, siendo el emperador Fu Shi quien sentó las bases de este llamado "arte-ciencia". Si bien en un primer momento el Feng shui fue de uso exclusivo de la familia imperial, más tarde pudo ser utilizado por los nobles y, finalmente, por todo el pueblo.

El Feng shui llega a Occidente a mediados del siglo XX.

Existen cuatro escuelas de Feng shui. Las mismas comparten los conceptos básicos sobre la energía vital *Chi* y sus movimientos *Yin* y *Yang*, los cinco elementos y los ocho trigramas que conforman el bagua, y se diferencian por el método de aplicación: método de la brújula, método de las ocho casas, método de la estrella voladora y método de la forma.

En el Feng shui, las velas se utilizan para realizar curas. Se denomina *cura* a los objetos que por su forma, material o sonido sirven para desviar, expandir, mover, o generar la energía *chi* en cualquier espacio y corregir así defectos, flechas ocultas y fugas. Las velas representan el elemento fuego y potencian las áreas del elemento tierra, que se nutre de aquél. Combinado con las áreas de madera, mantienen viva la relación de ambos elementos.

La presencia del elemento fuego es prioritaria en este arte: las velas junto con los espejos son grandes potenciadores del *chi* permitiendo solucionar los problemas hogareños, para así obtener sensaciones positivas a diario. En tanto grandes generadores de energía, las velas nunca deben utilizarse en el centro de un ambiente: siempre hay que colocarlas en los extremos más alejados de la puerta principal de la casa.

El Feng shui nos enseña a tomar conciencia de que un ambiente inadecuado puede afectar de manera negativa nuestro estado de ánimo, nuestra salud y nuestras relaciones con los demás. Es importante pues comprender el valor energético que pueden aportar las velas en relación con esta sabiduría tradicional de Oriente, sabiduría que parte de la constatación de que somos producto y reflejo de cuanto nos rodea.

Para el Feng shui se utilizan velas blancas ya que, a diferencia de la velomancia o de los rituales, no son determinantes ni los colores ni las formas. Es el elemento fuego el que cura la negatividad, mientras que las velas perfumadas y los inciensos contribuyen a crear un ambiente óptimo para mejorar el ánimo. Los aromas producen una burbuja de espacio en el que las personas pasan a un estado más relajado.

Recomendamos la utilización de velas perfumadas e inciensos en los lugares donde se realizan las actividades cotidianas: el comedor, la cocina, el lugar de trabajo. Las fragancias o el cambio de aroma, al neutralizar el hábitat y preparar al individuo para realizar otras tareas, facilitan un cambio de estado, aún si permanecemos en el mismo espacio físico.

Por otra parte, el fuego simbolizado por la vela representa el florecimiento, muy recomendado cuando la casa está recibiendo un nacimiento, una pareja de enamorados o la integración de una mascota. Estos recibirán la armonía y el calor del hogar porque la energía-fuego asociada con la luna creciente, expresa nacimiento; y combinada con la dirección magnética sur, es promotora de buenos augurios.

Las formas asociadas al fuego son la pirámide y el triángulo, de allí que las velas se complementen y equilibren en estructuras arquitectónicas triangulares.

Numerología

Otra mancia relacionada con los rituales con velas es la numerología, que consiste en la creencia de que existen vibraciones alrededor de los números y que éstas afectan directamente a cada uno de nosotros.

El punto de partida de las escuelas numerológicas son los números primarios (que siglos atrás Pitágoras redujo del conjunto de números universales).

También dentro de la numerología juega un papel importante la astrología, dado que a cada *casa* le corresponde un número, siendo la influencia planetaria de suma importancia a la hora de investigar nuestro número de la suerte.

Presentamos a continuación un cuadro de correspondencia de colores y números:

COLOR	NÚMERO
ROJO	1
NARANJA	2
AMARILLO	3
VERDE	4
AZUL	5
AÑIL	6
VIOLETA	7
ROSA	8
ORO	9

Esta mancia puede incluirse en distintas celebraciones de rituales con velas. Se puede tomar como referencia, por ejemplo, el día del natalicio de una persona, la fecha en la que el ritual mismo se realiza u otros factores calculados siempre en cifras, los que se deben reducir a un solo dígito, ya que éste es el punto de partida de cualquier práctica numerológica.

Si el ritual se realiza el 1º de mayo del año 2003 (01/05/2003), buscaremos el color correspondiente al número resultante sumando todos los dígitos: los del día, el mes y el año.

La suma se realiza como sigue:

$0+1+0+5+2+0+0+3=11$

Como hemos obtenido un número de dos cifras y necesitamos reducirlo a un único número, sumaremos ambos dígitos, es decir:

$1+1=2$

El color correspondiente al número 2 es el naranja, de manera que una vela del mismo color representará al día señalado.

Si el beneficiario del ritual es una persona nacida el 3 de abril de 1950 (03/04/1950) la suma será:

0+3+0+4+1+9+5+0=22

2+2=4

El color que corresponde a este número es el verde.

La información obtenida es la que habitualmente se utiliza para celebrar rituales con velas. El fuego y la luz que emite el cirio cumplen el papel de canalizar el deseo o el objetivo a plasmar hacia esferas espirituales de carácter mágico. El color, el planeta, el signo zodiacal, la hora del día o un número propicio son de vital ayuda para potenciar el poder de cada ceremonia.

Encontrar el número correspondiente a nuestro nombre también es sencillo: cada letra se relaciona con un número:

A, J, S = 1

B, K, T = 2

C, L, U = 3

D, M, V = 4

E, N, W = 5

F, O, X = 6

G, P, Y = 7

H, Q ,Z = 8

I, R = 9

Una vez obtenido el número primario correspondiente a cada letra, encontrar el número correspondiente a nuestro nombre será muy sencillo. Es importante señalar que cada número cuenta con una característica o virtud determinada que podemos utilizar en los rituales con velas. Si conocemos los números de nacimiento y de nombre, los cuales hablarán de nuestro carácter, será más fácil tener un punto de partida para plantearnos el porvenir en pos de lograr ser afortunados en nuestra vida.

Chakras

El termino *Chakras*, significa "puntos circulares" y se refiere a los centros de energía considerados –tanto por la acupuntura, la dígitopuntura y el yoga– como lugares en los que se concentra la energía proveniente de la Tierra, el cosmos y el propio interior de nuestro organismo integrado a aquéllos.

Desde estos centros, la energía se distribuye a través de canales por todo el cuerpo. Cuando se produce un bloqueo, el resultado es la enfermedad, considerada como un desequilibrio energético, psíquico y finalmente físico.

En Occidente se conoce a estos puntos con el nombre de *Plexos*, reconociendo su influencia sobre las glándulas de secreción externa (hígado, páncreas, intestinos), o interna (porque carecen de órganos excretores), encargadas de volcar en el torrente sanguíneo las sustancias llamadas hormonas.

Estos Plexos o Chakras constituyen algunas de las piezas más importantes para mantener en armonía las aptitudes físicas y psíquicas, favoreciendo las manifestaciones más elevadas del espíritu.

Desde siempre, los individuos dotados de gran sensibilidad declararon la posibilidad de observar estos centros distribuidos por el cuerpo astral o energético.

Nombraremos a continuación los siete Chakras principales y los colores que se le atribuyen a cada uno, ya que al trabajar con las velas correspondientes estaremos sintonizando las energías adecuadas para alcanzar nuestros objetivos.

1. Chakra Sacro-Coccígeo: los hindúes lo llaman "Serpiente de Fuego"; su finalidad es concentrar la energía telúrica actuando sobre las glándulas genitales y el sistema nervioso autónomo. Cuando se eleva por la columna vertebral, amplifica la energía del chakra coronario, incrementando la capacidad mental para conectarse con las dimensiones más elevadas. Se lo relaciona con la iniciativa, la espontaneidad, y la capacidad para vencer los obstáculos; su color es el rojo.

2. Chakra Umbilical: se localiza unos dos centímetros arriba del ombligo; su función está vinculada a la energía vital y las emociones, activando el bazo y los órganos sexuales. Su color es el naranja, al que se lo relaciona con elevados sentimientos de valor y lealtad, con la intuición así como con la capacidad creativa.

3. Chakra o Plexo solar: los órganos relacionados con este centro son el hígado, el páncreas y la vesícula; su ubicación se localiza en la zona donde termina el esternón y se abren las costillas. Está relacionado con el equilibrio de las emociones, la resistencia orgánica y las facultades mentales que nos dotan de optimismo, claridad de pensamientos y altruismo. Su color es el amarillo.

4. Chakra cardíaco: su color es el verde; se lo localiza en la zona del corazón. Su buen funcionamiento produce la elevación de las emociones que se manifiestan como amor a todos los seres vivos, confianza en sí mismo y compasión.

5. Chakra Laríngeo: la importancia de este centro está dada por su ubicación en la zona de la garganta, que actúa como medio entre los chakras del cuerpo ya mencionados y los de la cabeza (de entrecejo y coronario).

Influye sobre la tiroides y activa las facultades relacionadas con las manifestaciones artísticas y la comunicación.

Su buen funcionamiento dota a la personalidad de actitudes sociables y de serenidad, permitiendo también la ampliación de la conciencia y la elevación espiritual. Su color es el azul.

6. Chakra frontal o del entrecejo: se lo ubica en el entrecejo y su influencia se ejerce sobre el cerebro, especialmente sobre las glándulas pineal, hipófisis y pituitaria.

Esta última se asemeja a la córnea, motivo por el cual se la llama "el tercer ojo".

Se considera que su desarrollo permite la ampliación de la conciencia y el acceso a otras dimensiones del conocimiento, de tal manera que las facultades promovidas tienen que ver con la percepción extrasensorial y el desarrollo de la capacidad intuitiva.

El autoconocimiento y la conexión con los planos más elevados del espíritu tiene que ver con este centro, cuyos colores son el azul profundo y el lila.

7. **Chakra de la coronilla:** en las expresiones artísticas del cristianismo, como en las del budismo, se muestra a los seres elevados con una aureola de luz que se extiende varios centímetros por encima de sus cabezas.

Los hombres dotados de percepción extrasensorial manifiestan la existencia de esta aureola de luz en aquellas personas de gran desarrollo espiritual.

Este centro energético es de color violeta; ejerciendo en el plano físico su influencia sobre el cerebro, la glándula pineal, las meninges y el nervio trigémino. Al activarse, produce la transmutación del individuo que comprende su unión con el todo y su vinculación íntima con la divinidad.

Lenguaje predictivo de las velas

El arte adivinatorio con velas es fundamentalmente práctico: es con la experiencia y la relación con los cirios que los ritualistas aprenden a comprender los rastros que deja el fuego tras desaparecer.

El arte de la velomancia consiste en integrar todas las apreciaciones que hayamos deducido durante el ritual o ceremonia en un todo armónico y coherente donde la cantidad de residuo resultante, el tiempo de combustión de la vela, la suma de las figuras, el aspecto y disposición de las mismas entre sí y la textura de la superficie se encuentren en un orden coherente.

No se trata, pues, de interpretar las figuras individualmente, o que la comprensión de los restos de los cirios resulten de la suma de cada una de las formas residuales.

Asimismo, consideramos de suma importancia la primera impresión, la sensación que percibimos al enfrentarnos con los restos de cera, y el no apresurarse en las lecturas, aunque los símbolos establecidos sean muy claros a los sentidos: intente ver los cirios desde distintos puntos de vista, desde diferentes ángulos y siempre tenga en cuenta el estado anímico y sensorial que se está atravesando. Nunca olvide que no existe una manera correcta de interpretar las manchas; antes se trata de lo que cada persona ve, y es esto lo que convierte el trabajo con las velas en una práctica personal y mágica.

Las velas tienen su propio lenguaje; nos indican innumerables cosas que pueden producirse de inmediato o a largo plazo por su forma de arder, de dar luz y por sus restos cuando se extingue su llama.

Principales figuras a partir de los restos de cirio

Abeja: representa la suerte o la posibilidad. Suele formarse en el borde del recipiente. Si se pide dinero o trabajo significa posibilidades concretas de conseguir empleo, mejorar la posición económica o un ascenso laboral. En el aspecto de la suerte, anuncia augurios en juegos de azar o en circunstancias relacionadas con la casualidad.

Anillo de alianza: casamiento o compromiso. Este símbolo representa la unión en las parejas, el compromiso conyugal y la construcción de una familia. La figura que se expresa son dos anillos entrelazados, siempre y cuando el pedido o la pregunta se haya formulado en relación al amor de pareja.

Esta figura tiene múltiples interpretaciones según la situación y el pedido de la persona consultante; el tiempo de unión o desunión puede tomar un lapso de tiempo prolongado.

Cigüeña: representa la génesis de algo nuevo, el nacimiento de un nuevo ser. La grácil figura de esta ave siempre es señal de buen augurio, ya que desde tiempos inmemoriales se afirma que "bendita es la casa donde elige anidar". Pero en la velomancia la interpretación queda circunscripta a la fecundidad y fertilidad femeninas.

Si el pedido se realiza en relación con algún proyecto que se desea emprender, este animal nos da el visto bueno para encarar nuevas actividades.

Delfín: simboliza algún obsequio. Debe advertirse que no necesariamente aparece el perfil completo de este mamífero marino, sino que puede ser solo de su cabeza. En todos los casos, indicará un obsequio en el mediano o corto plazo.

Fuente: gran amor. Si las velas forman una fuente están expresando un gran protagonismo en el ámbito afectivo. Permítase amar y ser amado y comparta todas las emociones intensas. Sólo hay que dejarse llevar y relajarse sin culpas. Esta figura revela un gran amor en gestación.

Nudo: representa una sociedad en los negocios. Tiene que ver fundamentalmente con compromisos comerciales, permanentes o transitorios, aunque también se aplica a alianzas políticas. En este sentido, su interpretación es muy amplia, pues no se trata sólo de los partidismos de la cosa pública, sino también de situaciones en las que dos o más personas se alían en un contexto y con un fin determinados.

Barco: simboliza una herencia; la misma puede ser entendida como algo que queda en manos de la persona. No significa necesariamente que pueda acontecer un fallecimiento, ni tampoco es una herencia material. Existe un caso conocido en donde en un estudio velomántico a una mujer le salió una forma que ella definió como un velero. Meses después de la consulta la mujer fue notificada que su madre había decidido dividir en vida la vivienda familiar entre sus muchos hijos.

Hombre medieval: representa un viaje largo. Esta figura no manifiesta la lejanía, ni el tiempo de este viaje, hace referencia al hecho placentero del mismo. Si en los restos de los cirios aparece esta figura, antes del año se tendrá la oportunidad de realizar un viaje por placer.

En X: significa grandes dolores, desuniones, separaciones. La cruz ha sido testigo de grandes dolencias, sobre todo durante la Edad Media. Como Jesús, mucha gente fue crucificada por no ser fieles devotos. Esta figura resulta muy contradictoria pues es igualmente utilizada como símbolo religioso y como emblema de muertes y grandes pérdidas.

Líneas perpendiculares: instinto. La composición de las velas hace casi imposible la formación de esta figura; en el caso de que aparezcan, significa que las velas piden la decisión del ritualista. En este caso ellas no tienen nada para sugerir más que éste es el momento ideal para dejarse guiar por el instinto, él es el único que esta vez podrá llevarnos al éxito.

Medialuna: siempre debe presentarse como una letra "C" bien marcada o un paréntesis, siendo indistinto que mire hacia la derecha o la izquierda. Significa que se está intelectualmente encaminado en la toma correcta de decisiones. Así como la Luna no brilla con luz propia sino que refleja la luz del Sol, nuestros actos conscientes reflejan la verdadera luz que emana del potencial dormido en nuestro inconsciente.

Volcán: representa un escándalo. Se encuentra muy asociado a cuestiones sociales, y especialmente vinculado a lo sexual. Con frecuencia va acompañado de conflictos con múltiples personas; implica chismes y habladurías.

Insectos: representan una pérdida afectiva, desde la ruptura circunstancial o permanente de la pareja, hasta el fallecimiento de un ser amado. Se debe ser muy prudente, reflexivo y discreto al analizar una velomancia en la que se cree han aparecido insectos, por las naturales consecuencias emocionales que conlleva notificar el significado de este símbolo al consultante.

Perros: expresan fidelidad y seguridad. La figura del "mejor amigo del hombre" no puede más que provocar seguridad y fidelidad eterna. Si se trata de una pareja, necesitamos ser claros a la hora de formular nuestro pedido para poder descifrar si la fidelidad es nuestra o de la otra persona.

Rueda: cambios o movilidad. La rueda fue una transformación muy profunda en la forma de vida de nuestros ancestros. Permitió desplazarse de un lugar a otro abarcando cada vez mayores superficies, produjo un salto en la comunicación humana y fue un logro en el avance de la humanidad. Si bien esta figura propicia el cambio, sugerimos no intentar maniobras bruscas; de ello dependerá el éxito en los proyectos.

Sol: sanación. El Sol, fuente de calor y energía, es representante de la vida; su luz les provee de alimento y energía a los seres vivos. Simboliza también la salud. Si las velas expresan el Sol, la enfermedad física o mental desaparecerá. La recuperación será completa y sin secuelas. También representa una vida larga y saludable.

Trébol: ganancia inesperada. Se lo asocia con los juegos de azar, con más contundencia que las abejas. Puede también relacionarse con repentinos golpes de fortuna que nos posicionan ventajosamente cuando nada favorable estaba dentro de nuestras expectativas.

Triángulo: representa sueños y deseos. El triángulo tiene un valor sagrado. Dentro de un triángulo se representa el ojo de Dios, siendo la expresión más elemental de la pirámide: un compás con sus puntas abiertas hacia abajo, cruzado por la regla y colgando de él una plomada (triángulo bisectrizado) representa el G.A.D.U., entre los Masones, síntesis del poder espiritual de Dios manifestado en el mundo material; representa la Sagrada Trilogía. Su aparición en toda velomancia es señal de logros absolutos, de éxito contundente, de aspiraciones satisfechas. Los tiempos de realización están condicionados a la complejidad de cada situación en particular.

Agujas: simbolizan conflictos, peleas o problemas. Por lo general, en velomancia, todo extremo aguzado es una mala noticia; si se perfila claramente como una aguja se remite específicamente a conflictos con otras personas. Otras puntas hablan de personas pero también de situaciones enojosas; la aguja se refiere más a la intención que a la acción del otro. Representa el mal en su forma de deseo negativo.

Llave: la ocasión de abrir caminos, de superar obstáculos y encontrar soluciones está cerca, pero completamente en manos del consultante, único dueño de su destino.

Diente: alguien nos quiere mal. Entenderemos como diente un simple cuadrado que presente dos apéndices. Constituye un problema descubrir a quién se refiere la advertencia.

Boca: manifiesta que existe un engaño o una mentira. Se trata de una imagen preventiva; si en el trabajo con velas se forma esta imagen, significa que alguien cercano y con influencia nos está mintiendo.

Tanto en el mundo de las ocupaciones, el de los negocios como en el terreno afectivo, es un alerta que nos hace la velomancia sobre nuestro presente.

Dedo: significa que debemos manejarnos con cuidado; similar a la boca, también se trata de una figura preventiva. Rememora la idea del dedo índice elevado como advertencia. La señal merece una mayor preocupación si apunta hacia el centro del recipiente.

Guitarra: representa alejamiento o soledad. Esta figura habla de la soledad interior, es decir, aquella soledad que se siente aunque se esté rodeado de gente.

En cuestiones laborales, la guitarra puede significar tanto un socio que nos abandona, como incomprensión de los demás hacia nuestros proyectos. También falta de apoyo de terceros en la realización de nuestros objetivos.

Hacha: significa un accidente o imprevisto. Es otro símbolo de sencillo desciframiento. No se refiere al tipo de accidente que puede sufrir la persona –algo que no es posible a través de la velomancia–. Sin embargo, puede acercar información sobre el asunto si se insiste sobre el particular.

En todos los casos, el hacha habla de accidentes inmediatos (más graves si su filo esta hacia adentro), pero evitables si se toman las prevenciones del caso.

Monstruo: representa una situación indeseable. Como en la literatura infantil, el monstruo remite a un ser desagradable y peligroso. Un monstruo es todo rostro o figura reconocible como humanoide o animal, no asimilable a ninguna otra categoría conocida de las citadas. Su aspecto, repulsivo y amenazador, nos alerta con un máximo de siete días acerca de una vivencia indeseable para el interesado.

Detallamos a continuación la simbología de formas que expresan números:
1: Éxitos, amistades duraderas.
2: Contrariedades y oposición de amigos.
3: Relación amorosa duradera.
4: Lucha en cualquier terreno.
5: Tristeza, pérdida de empleo, orgullo.
6: Suerte y provecho en los negocios.
7: Desconfianza en el sexo opuesto.
8: Avaricia, mentira, ocultamiento.
9: Rupturas en cualquier terreno.

El lenguaje de las llamas

Uno de los momentos más místicos de los rituales es mirar con respeto y devoción cómo se consumen las velas. Esta es la ocasión para fortalecer la fe y para esperar con convicción la respuesta de los cirios acerca de un pedido concreto.

En el arder de una llama podemos encontrar muchas respuestas. En una época, los hombres utilizaban esta técnica adivinatoria para predecir el clima: se decía que si las velas producían chispas o humos indicaban tiempo húmedo. Si la llama de una vela oscilaba sin una causa que provocara el movimiento, indicaba tiempo ventoso. En otro orden de cosas, este hecho también podría indicar que pronto habría un cambio en las circunstancias de nuestra vida.

En la actualidad, la forma de la llama, su color, intensidad y duración pueden aportar mucho en las predicciones que encierran las artes adivinatorias.

En ocasiones se utilizan dos o más velas en los rituales de magia; si una de ellas arde con llama alta y brillante nos está indicando buena suerte; si todas arden de esta manera especial será señal de muy buenos augurios.

La llama de una vela que cae hacia abajo y se eleva repetidas veces nos está indicando un peligro.

También indica éxito seguro cuando la punta de la mecha, desde donde nace la llama, se pone brillante. Si este brillo dura mucho tiempo, el éxito será prolongado, pero si se desvanece pronto será de corta duración.

Una llama que arde lentamente y es de corta altura indica que en nuestros proyectos actuales no habrá éxito.

Si la llama de la vela se mueve en forma de espiral o dando contínuas vueltas, indica que se debe tener cuidado con algunas personas de nuestro alrededor que nos pueden traicionar.

Una llama que chisporrotea nos comunica que pronto tendremos una desilusión.

Si la llama se apaga repentinamente nos indica una pérdida.

Listado de algunos significados de las llamas

Abandono: cuano la llama arde débilmente y se apaga con frecuencia.

Abatimiento: la llama es baja y gotea ocasionalmente.

Ambivalencia: la llama es baja y oscilante.

Amistad: la llama enciende bien. Si es clara y tiende a agrandarse significa que el sentimiento es duradero.

Angustia: cuando la vela gotea, se le ve desprender humo negro o chisporrotea.

Ayuda: arde con nitidez y dobla su tamaño.

Bebida: la vela gotea, su llama desprende chispas o humo y se extingue rápidamente.

Boda: la llama se nota limpia, crece al doble de su tamaño y suele brillar en la punta.

Bondad: la llama se observa clara y crece. Adquiere en el centro una coloración suave.

Cambio: el fuego presenta nitidez y aumenta de tamaño si la transformación es positiva.

Curación: la llama es limpia, enciende al momento y crece.

Desconfianza: puede chisporrotear, gotear y desprender humo en forma de espiral.

Dolor: la vela gotea, chisporrotea desprendiendo humo negro.

Embarazo: la llama crece el doble de su tamaño y se nota muy brillante.

Extravío: disminuye su tamaño y se apaga desprendiendo humo negro.

Felicidad: el fuego crece al doble y la punta de la mecha se nota muy brillante.

Herencia: la llama prende al primer intento, y crece con nitidez.

Infidelidad: la vela gotea, chisporrotea y desprende humo negro.

Juicio: crece con nitidez y anuncia resultados felices.

Ladrón: la llama chisporrotea, desprendiendo humo oscuro que asciende en espiral.

Maldad: la llama chisporrotea y despide humo negro.

Nacimiento: la llama enciende y aumenta nítidamente.

Odio: la llama desprende chispas y humo negro.

Paciencia: la flama enciende nítidamente sin aumentar de tamaño.

Peligro: la llama chisporrotea, la vela gotea desprendiendo humo negro llegando a extinguirse.

Resignación: la llama enciende débilmente.

Salud: la llama enciende con nitidez y se observa cómo va creciendo.

Suicidio: la vela gotea y se extingue.

Trabajo: la llama asciende con nitidez cuando se va a lograr el objetivo.

Tragedia: se observa movimiento en espiral, chisporrotea y llega a apagarse desprendiendo humo oscuro.

Virgen: la llama se observa clara y limpia. No gotea.

Algunos ritualistas consideran que el alfabeto hebreo presenta grandes posibilidades de lectura velomántica, ya que la escritura favorece la interpretación.

Los hebreos adjudican a cada letra una virtud, defecto o función específica. Esta es otra de las formas que se pueden utilizar cuando se trata de interpretar el lenguaje predictivo de las velas.

Por otro lado, para realizar la lectura de los restos de los cirios así también como el desciframiento de los contenidos de las llamas, recomendamos elegir el día regido por el planeta correspondiente al tipo de pedido. Así:

Domingo (Sol): bienes herenciales y gananciales, popularidad y fama, política y prosperidad.

Lunes (Luna): todo lo vinculado con la mente (estudios, decisiones difíciles, pero también enfermedades mentales, etc.).

Martes (Marte): lo vinculado con peleas, conflictos, sangre y odio.

Miércoles (Mercurio): la inteligencia práctica y creativa, el dinero contante y sonante, noticias que van y vienen.

Jueves (Júpiter): en un sentido general, todo lo que crece, es fecundo y próspero.

Viernes (Venus): los afectos.

Sábado (Saturno): sobre las cosas que crecen en la oscuridad (pleitos, juicios penales, enemistades), lo relacionado con internaciones y las ciencias ocultas.

También es importante aprovechar las cinco fechas esotéricas más importantes del año que son:

31 de marzo: cuando el Sol ingresa en el grado 0 de Aries, es decir, el verdadero Año Nuevo astrológico y esotérico.

30 de abril: la noche de Brujas entre celtas y germanos, la noche de Walpurgis.

24 de junio: el día de San Juan Bautista, que se superpone a la celebración del solsticio de verano en el hemisferio Norte.

31 de octubre: la noche de Halloween.

25 de diciembre: día de la Natividad de Nuestro Señor Jesucristo.

Es sumamente adecuado elegir la propia fecha de cumpleaños para realizar rituales con velas.

Aunque existe un cierto interés natural por parte de la gente acerca de los residuos o restos de velas, es un tema sobre el que no abunda información. La bibliografía sobre las predicciones de las llamas, como la de los restos de cirios, es poco común. Hemos dicho que se trata de artes que se aprenden con la experiencia. Por ello recomendamos para el estudio de la velomancia conseguir trabajo como aprendiz de algún experto, y así ir poco a poco reconociendo los distintos símbolos. Las diferencias de las llamas pueden ser muy sutiles, y específicos los movimientos que realiza el fuego: se necesita de una gran dedicación para encontrar la diferencia entre los distintos significados. No se debe olvidar –y de esto dependerá ser un entendido en el área– la importancia de la lectura de todos los elementos intervinientes en el ritual. Por ejemplo, si una llama es leve en una vela verde significa que irá mal en los negocios pero si es leve en una vela amarilla, probablemente sea la salud la que esté complicada. Además, es necesario comprender qué relación tiene la llama con el pedido y con los demás elementos intervinientes en la ceremonia.

Apéndice-1

Como complemento de los conceptos vertidos en el libro, y para ampliar el campo de conocimientos del consultante o de un ritual, brindamos a continuación un diccionario de mancias, así como una lista de piedras, aceites, inciensos y aromatizantes para velas que no sólo enriquecerán su saber en cada uno de estos campos si no que complementarán los rituales con velas, para así obtener mejores resultados.

Aceites

Ajo: es usado contra las brujerías, la envidia y la energía negativa.

Almizcle: atrae clientes; es afrodisíaco.

Aloe: curativo, aseptizante; simboliza la esencia de vida.

Ámbar: afrodisíaco; brinda fuerza física y virilidad al hombre.

Azahar: estimula la alegría, atrae la felicidad, abre campos. Aleja las preocupaciones y los pensamientos negativos.

Benjui: contra maleficios, hechizos y daños; junto con la mirra, el incienso y el almizcle es un potente ahuyentador de entidades negativas del bajo astral.

Canela: abrecaminos, ayuda a esclarecer las ideas, propicia la meditación, favorece la concentración para el estudio.

Chocolate: aumenta las posibilidades de trabajo.

Incienso: ideal para la limpieza de ambientes cargados de negatividad; espanta espíritus de las sombras y transforma lo negativo en positivo.

Frutilla: contra la depresión, afianza la voluntad, neutraliza la negatividad y estimula las actitudes positivas.

Gardenia: inspiración y concentración mental; es muy propicia para el estudio y para la creatividad.

Jazmín: ideal contra la envidia, aleja la negatividad. Atrae el amor.

Laurel: triunfo y gloria, es también importante para la concreción de deseos. Purifica.

Lavanda: ideal para después de la limpieza del hogar.

Lila: para realizar pedidos de amor y felicidad.

Limón: contra las energías negativas, actúa como depurador corporal y ambiental, ayudando a conservar la salud física y mental.

Loto: para la meditación y la paz espiritual.

Maderas de Oriente: especial para los nuevos emprendimientos, crea un estado de misticismo absoluto. Es particularmente bueno para la meditación.

Madreselva: inspira optimismo y deseos de vivir.

Magnolia: ayuda a resolver problemas; nos conecta con planos mentales superiores, posibilitando vislumbrar mejor las cosas.

Manzana: salud; favorable para salir de cualquier malestar psíquico.

Menta: inspirador de coraje.

Mirra: atrae la protección contra todo mal y ayuda a la elevación mental y espiritual.

Musk: produce efectos estimulantes; vinculado especialmente con el placer sexual.

Nardo: para el trabajo y la estabilidad económica; es ideal la combinación con el sándalo.

Neroli: tiene propiedades sedativas, por lo que es propicio para el relax y el buen dormir.

Opium: antidepresivo. Es utilizado, además, para unir parejas y alejar la soledad.

Patchuli: desinhibe. Levanta el ánimo, cargando la energía positiva y dando plenitud y seguridad.

Pino: depura el ambiente de ondas negativas; nos armoniza con la naturaleza y nos brinda fortaleza espiritual.

Reina de la noche: atractivo del amor femenino.

Romero: contra la mala onda y la negatividad.

Rosa: ideal para la unión familiar. Sedativo y estimulante de la sensualidad. Incrementa el intelecto.

Ruda: contra entidades negativas, contrarresta toda energía perjudicial y purifica el ambiente.

Sándalo: abre caminos, atrae dinero, suerte y fortuna. Liberador. Es ideal para la meditación.

Siete poderes: sándalo, incienso, mirra, benjui, almizcle, jazmín y nardo.

Tilo: tranquilidad y serenidad.

Vainilla: induce a la bondad y la humildad; promueve la espiritualidad y la sabiduría.

Violeta: contra la decepción, distiende el cuerpo y la mente y da paz interior.

Aromatizantes para velas

A continuación detallamos algunas de las opciones que tenemos a la hora de aromatizar nuestras velas. Las dividiremos en familias de fragancias para facilitar la experimentación con la aromatización de las velas:

Cítricos: bálsamo de abeja, bálsamo de limón, lima, naranja, verbena.

Especias: albahaca, canela, clavo de olor, jengibre, menta, nuez moscada, vainilla.

Florales: azucena, clavel, flor de liz, flor de manzana, gardenia, geranio, jacinto, jazmín, junquillo, lavanda, lila, lirio, madreselva, manzanilla, mimosa, rosa, yang-yang.

Herbáceas: artemisa, cilantro, eneldo, estragón, mejorana, romero, semilla de alcaravea.

Maderas: árbol de la cera, baya de arrayán, cedro, enebrina, patchuli, palisandro, pino, sándalo, tomillo.

Apéndice-2

Inciensos

Los inciensos presentados a continuación son de utilidad para la mayor parte de los rituales detallados en este volumen. De acuerdo con su simbolismo, cada ritualista los podrá utilizar para su deseo o necesidad:

Azahar: se emplea para abrir caminos en el amor.

Benjui: purificación y prosperidad. Se utiliza para mejorar las facultades mentales.

Cedro: protección y espiritualidad.

Clavo: purificación, liberación. Se lo suele utilizar para atraer dinero.

Enebro: amor. También es usado para los exorcismos.

Helecho: energía positiva. Quemar las hojas secas de helecho dentro del hogar ayuda a ahuyentar la energía negativa, generando una onda de protección.

Incienso: se utiliza para ahuyentar todo lo negativo.

Jazmín: atrae el amor.

Laurel: purificación. Es energizante y protector.

Lavanda: se usa para alejar lo negativo.

Maderas de oriente: armonización.

Mirra: consagración. Brinda paz interna y atrae el dinero.

Patchuli: elevacion espiritual.

Pimienta de Jamaica: brinda paz interna y atrae el éxito.

Romero: atrae el amor; descarga todo lo negativo. Además se lo suele utilizar en exorcismos.

Sándalo: liberación personal y promotor de la espiritualidad. Ayuda a alejar dolores físicos.

Sangre de dragón: se utiliza como protector personal, especialmente para el amor; potencia la sexualidad y a nivel espiritual se utiliza para exorcizar.

Tomillo: purificación.

Diccionario de artes adivinatorias (actuales o pretéritas)

Acutomancia: adivinación que se realiza mediante el arrojado de agujas. Según la variante, se pueden utilizar siete, trece o veinticuatro agujas.

Aeromancia: método que consiste en la adivinación por fenómenos aéreos. Algo difuso pero antiguo y generalizado, abarca la interpretación de signos celestes, como ser el vuelo de las aves, truenos o rayos.

Aleuromancia: técnica que consiste en la adivinación por medio de cereales, granos o molidos, por ejemplo, el método de predicción basado en la harina mezclada con agua y puesta a secar. Aunque muy antiguo, actualmente es poco practicado, salvo en algunos países, en zonas rurales.

Alextromancia: método de predicción a través de la utilización de granos de trigo o cebada.

Alomancia: práctica de la adivinación por medio de la sal. A este arte se le debe la costumbre que dicta que tirar sal es un mal signo, así como la tradición de lanzar un poco de sal por encima de nuestro hombro para ahuyentar a los demonios y la mala suerte. Este método funciona también colocando un puñado de sal en la mano de una persona enferma para ver la gravedad del mal que la aqueja.

Anagratomancia: predicciones basadas en los anagramas que forman el nombre de una persona. Suele ser considerado como un simple juego y no un método adivinatorio. Muy de moda en los salones franceses del siglo XIX.

Antropomancia: uno de los métodos de predicción más tétricos de toda la historia; en él, se sacrificaba a un ser humano, teniendo a través de sus entrañas una visión más exacta del futuro. Fue muy utilizado en la antigüedad, principalmente entre los romanos.

Apatomancia: mediante hechos súbitos e impensados.

Apotomancia: mediante sucesivos encuentros con dos o más personas.

Aquileomancia: esta adivinación se realiza por medio de varillas de aquilea o milenrama. Tiene su origen en China y se lo considera el primer antecedente del *I Ching*. En la actualidad es practicado en Oriente con el nombre de *Che Pou*.

Aracnomancia: método adivinatario practicado con arañas, dado que las mismas son consideradas proféticas por muchas culturas.

Armomancia: mediante la observación de las espaldas.

Astragalomancia: Adivinación que consiste en arrojar el hueso astrágalo y examinar la forma que adquiere en sus cuatro caras posibles; el juego de la taba es una variable.

Belomancia: muy común en la antigüedad entre los babilonios, los árabes y los turcos, este método consistía en la adivinación por el estudio de las flechas.

Actualmente se lo sigue practicando en algunas regiones de Turquía.

Bibliomancia: es la adivinación por medio de un libro sagrado. Se practica abriendo al azar la Biblia, se toma una frase cualquiera, y se lo considera la respuesta correcta a la pregunta efectuada.

Botaromancia: arte adivinatorio que consiste en la averiguación mediante la observación de las hojas de las plantas.

Buziomancia: análisis de la caída de grupos de pequeños caracoles.

Cafeomancia: lectura de la borra dejada en la taza del café consumido por el consultante. El ritual "a la turca" consiste en volcar la taza bruscamente sobre el platillo y leer en éste.

Capnomancia: adivinación por medio del humo, especialmente de la mandrágora; era muy practicada por los griegos.

Caromancia: adivinación realizada con el ritualista en estado de trance, hipnosis o sueño profundo. Se la utiliza actualmente todavía en sesiones de espiritismo.

Cartomancia: mediante los naipes.

Catofomancia: adivinación a través de espejos.

Ceraunoscopia: observación de rayos, relámpagos y truenos.

Cinomancia: es la adivinación por medio de los perros. De origen también muy antiguo, aún hoy en muchas partes se cree que cuando un perro aúlla predice la inminente muerte de una persona.

Claviculomancia: otro método antiguo de adivinación que en la actualidad se ha convertido en un juego. Consiste en tomar la clavícula con forma de horquilla de un ave, y que dos personas tiren de sus extremos al mismo tiempo que piensan para sus adentros un deseo. Cuando se rompe el hueso la persona que se queda con el trozo mayor verá cumplido su pedido. Se suele realizar con el huesito del pollo.

Cleiromancia: mediante el balanceo de una llave suspendida de un hilo.

Cleromancia: mediante pequeñas piedras lanzadas al azar, para analizar la forma que configuran o su disposición sobre el terreno.

Cristalomancia: su forma más popular de adivinación es la que se realiza a través de una bola de cristal.

Dactilomancia: técnica de predicción por medio de sortijas y anillas, las cuales se sostienen de un hilo sobre un alfabeto antes de formular una pregunta. Una variante espiritista es la conocida *oui-ja*.

Demonomancia: muy utilizado durante la Edad Media, en este método se invocaban a los diablos para fines adivinatorios. Con posterioridad, los espíritus sustituyeron a los demonios dando paso a la necromancia.

Dendromancia: es la adivinación a través de los árboles.

Dominomancia: mediante la caída de las fichas del dominó.

Ebanomancia: lectura del humo de madera quemada.

Eromancia: predicción a través del agua en ebullición.

Espondanomancia: adivinación por medio de las cenizas.

Farmacomancia: adivinación por ingestión de productos farmacéuticos, drogas alucinógenas o alcohol por parte del ritualista.

Filomancia: éste es otro apartado de la Botanomancia, limitado al estudio de los hojas de las plantas. En general se lo utiliza para las adivinaciones amorosas, por ejemplo, el quitar los pétalos de una margarita preguntando alternativamente si una persona es querida o no.

Geomancia: es la adivinación por medio de dibujos hechos al azar sobre la tierra. Se aplica también a la predicción de tipo matemático efectuada por líneas, puntos o símbolos sobre la tierra.

Geromancia: observación de vísceras de animales.

Gilomancia: método que consiste en dibujar un círculo amplio en el suelo disponiendo en él todas las letras del alfabeto. Luego la persona interesada formula una pregunta específica y se la hace dar vueltas sobre sí misma dentro del círculo hasta que se marea y cae al suelo sobre una letra determinada. Se repite la consigna hasta que quede conformada la palabra o las palabras que den la respuesta deseada.

Grafomancia: adivinación por medio de la escritura y las firmas.

Hematomancia: adivinación por medio de la lectura de la sangre.

Hemeromancia: método de predicción que distingue los días buenos de los malos, y los felices de los tristes. Por ejemplo, la creencia de que los martes o viernes 13 son días malditos.

Hepatomancia: mediante el hígado de animales recién sacrificados.

Hidromancia: mediante el agua.

Hidroscopia: método que consiste en la búsqueda del agua. Es el arte del *zahori,* practicado hasta la actualidad en la búsqueda de pozos y manantiales.

Hipomancia: adivinación por medio de los caballos, en particular los de color negro.

Ictiomancia: predicción por medio de los peces. Se realiza a través del examen de sus entrañas o bien por la forma en que se mueven al ser lanzados al suelo luego de ser sacados del agua.

Lamparomancia: método predictivo a través del cual la persona interesada puede ver el porvenir leyendo la llama de una lámpara. Variantes de este método originaron diversas costumbres tales como la de encender cirios a la Virgen o a los difuntos para pedir sus favores.

Lecanomancia: adivinación realizada con oro o piedras preciosas; se basa en el ruido que las mismas producen al ser arrojadas a un recipiente con agua.

Libanomancia: mediante la combustión de hierbas aromáticas.

Litomancia: adivinación mediante el ruido, la forma o la configuración de piedras. Es variante la Litobolia, en la que se examina la posicion en que han quedado piedras previamente arrojadas.

Metopomancia: adivinación mediante la lectura de las líneas de la frente.

Molibdomancia: predicción mediante las figuras que quedan conformadas al derretir plomo.

Nairancia: mediante los aspectos del Sol y de la Luna.

Necromancia: adivinación a través de la evocación de los muertos. Es otra práctica muy antigua, que modernamente sobrevive en el espiritismo.

Oenisticia: mediante el dibujo que forman las aves al emprender su vuelo.

Oficiomancia: predicción que surge al interpretar el desplazamiento de las víboras o serpientes.

Oinomancia: capacidad del ritualista de ingerir grandes cantidades de vino.

Omfalomancia: mediante la interpretación de los dibujos que forma el ombligo en sus distintas circunvalaciones.

Onicomancia: adivinación mediante la lectura de las uñas del interesado en interpretar su futuro.

Oniromancia: arte que consiste en descubrir el devenir de una persona a partir del análisis de los sueños.

Ovomancia: adivinación a partir de los huevos de animales. El método más común utiliza sólo la clara, la que se deja veinticuatro horas con sal en un vaso, leyéndola luego como la borra del café. En la antigüedad también ha sido utilizado para verificar la virginidad de una mujer, para lo cual se echaba la yema en un vaso con agua; si caía al fondo, la virginidad era segura; si flotaba era dudosa.

Ornitomancia: adivinación a través del chillido y vuelo de los pájaros.

Ostiomancia: adivinación por medio de los huesos de animales, en especial la clavícula, el omóplato y el peroné.

Otonecomancia: curiosa adivinación que sostiene que, si nos zumba el oído izquierdo, alguien está hablando mal de nosotros; mientras que si ocurre en el derecho, alguien está hablando bien.

Partenomancia: método que tenía por finalidad averiguar si una mujer era o no virgen.

Pegomancia: método de predicción que consistía en arrojar pequeñas piedras a un río o arroyo y observar las ondas producidas. Este arte adivinatorio se relaciona con la costumbre de lanzar monedas a una fuente mientras se pide un deseo, con la certeza de que éste se cumplirá.

Queloniomancia: antiguo método chino, prácticamente desaparecido en la actualidad, que consistía en la adivinación por medio de la concha de una tortuga.

Rabdomancia: arte adivinatorio por medio de varillas o bastoncillos, muy extendido en Oriente y Europa.

Radiestesia: adivinación que permite el descubrimiento de objetos y sustancias perdidas o personas ocultas. Se puede utilizar una varilla de madera en forma de horquilla o un péndulo. Suspendida entre las manos, esta varilla vibrará o se inclinará cuando se encuentre lo que se busca. En el caso del péndulo, éste girará o se moverá para diferentes lados indicando la respuesta.

Sicanomancia: mediante la observación de las hojas y frutas de la higuera.

Símbolomancia: no se trata de un sistema adivinatorio, sino de un conjunto de sistemas que tienen como objetivo la predicción por medio de los símbolos, siendo el más popular la oniromancia.

Spodomancia: mediante la textura y forma de la ceniza de un fuego.

Stolismancia: mediante la observación de las ropas de una persona.

Talasomancia: adivinación por el movimiento de las olas y el aspecto del mar. Es utilizada particularmente por los pueblos pesqueros.

Tanatomancia: incluye todas las adivinaciones que predicen la muerte de las personas o la destrucción de las cosas.

Tedomancia: adivinación mediante las hojas del té; es un método muy popular y bastante empleado por su sencillez, siendo muy parecido a la lectura de la borra del café.

Tintomancia: predicción a través de las manchas de

tinta. Es uno de los métodos más modernos ya que empezó a utilizarse hacia principios del siglo XX.

Zairagia: método que consiste en la adivinación que se logra al colocar varios abecedarios situados en el interior de círculos concéntricos y una peonza. En un principio se solía utilizar un escarabajo vivo.

Piedras

En el siguiente listado se explica el significado y las caracteríticas de las piedras más importantes:

Ágata: cuarzo que posee diversos colores y características.

Ágata azul: de color intenso, cuya energía esta relacionada con la pureza y la profundidad.

Ágata coralina: roja o anaranjada. Es un fuerte energizante y con poderes electromagnéticos. Este cuarzo es habitualmente utilizado para aumentar la concentración y la capacidad mental.

Ágata fuego: tiene el color de este elemento, por lo cual no se recomienda para las personas de signos de agua. Relacionado con los chakras corona y entrecejo, posee gran capacidad vibratoria.

Ágata musgosa: piedra neutral de color gris que trae beneficios para la agricultura y para todo el trabajo relacionado con la tierra.

Aguamarina: piedra que simboliza la amistad y la felicidad; es protectora de los viajeros, en especial de los marinos.

Amatista: este cuarzo refleja el color púrpura; es ideal para la meditación, la concentración y la captación de problemas. Especialmente recomendada para casos de estrés, dado que brinda paz, equilibrio y claridad.

Ámbar amarillo: esta piedra posee poderes sobrenaturales; puede utilizarse para atraer la buena suerte, ya que tiene vibraciones positivas.

Circón: purificador del chakra corona, se utiliza para alcanzar la paz y aclarar la voz interior.

Cuarzo: de color verde, se emplea para los chakras corona y plexo solar, trayendo alivio especialmente para el estrés y los problemas cerebrales.

Cuarzo rosa: posee vibraciones altas, por lo cual es excelente para el amor y para la meditación, ya que concede paz interior. También posee poder curativo para afecciones renales; es utilizado como calmante.

Cuarzo ahumado: piedra opaca que incluye metales y minerales, por lo que posee una extraña y profunda belleza. Esta influida por Saturno y Plutón, por lo que se la debe usar con cuidado y respeto. Actúa sobre todos los chakras y es indicada para los problemas intestinales, de recto y de colon.

Diamante: es afín a todos los chakras y signos del zodíaco. Es un importante potenciador de la energía, altamente benéfico para la meditación y la purificación.

Esmeralda: esta piedra simboliza la abundancia; actúa sobre los chakras entrecejo, garganta y plexo solar. Al poseer vibraciones intensas, logra equilibrio, purificación y neutralización de la energía negativa. Por su color verde es ideal para la meditación profunda y la elevación espiritual.

Jaspe: cuarzo impuro y poroso que absorbe fácilmente la energía. Puede ser rojo, verde profundo, amarillo o azul-grisáceo; el rojo es ideal para las afecciones hepáticas, el verde es equilibrante y energizante; y el amarillo aleja amenazas exteriores y tendencias paranoicas.

Lapislázuli: este cuarzo es afín al chakra del bazo y a los signos de Tauro, Sagitario y Acuario. Brinda un gran poder espiritual y de elevación interior, siendo utilizado por los egipcios para aproximarse a sus dioses. Es ideal para desbloquear la mente y meditar; a estos efectos se lo coloca sobre el tercer ojo.

Malaquita: se relaciona con todos los chakras y signos astrológicos. Recibe la influencia de Plutón y Urano. Especialmente recomendada para problemas ópticos, alivia los dolores, equilibra el espíritu, disipa crisis y trastornos emocionales. Su color verde ayuda a guiar y elegir los caminos más propicios para el bienestar y el éxito.

Ojo de tigre: es ideal para Aries, Leo y Escorpio. Posee vibraciones muy altas y se la relaciona con el Chakra corona. Es indicada para la meditación, la paz interior, la percepción de fuerzas superiores, siendo muy apropiada para romper las ataduras que impiden la libertad interior.

Ónix: ideal para Géminis, Virgo y Piscis, pues recibe influencias de Neptuno, Plutón y Urano. Poseedora de una gran capacidad estabilizadora.

Ópalo: es afín a todos los chakras. Está influido por el Sol y Urano y actúa sobre el campo de las emociones, teniendo el poder de lograr aperturas. Especialmente recomendada para las crisis de melancolía, indiferencia, depresión y escepticismo. Dependiendo de los diversos tonos, se clasifica en ópalos comunes, ópalos "opalescentes" y ópalos de fuego.

Ópalo arlequinado: piedra especial para Cáncer y Virgo; actúa sobre el chakra del corazón.

Ópalo azul o violeta: este cuarzo actúa sobre los signos de Libra y Géminis y el chakra del plexo solar.

Ópalo de fuego: ideal para Escorpio y Aries; actúa sobre el chakra del bazo.

Ópalo negro: este cuarzo favorece los signos de Acuario, Géminis y Libra y actúa sobre el chakra corona.

Ópalo opaco o lechoso: influye los signos de Cáncer, Piscis y Escorpio y actúa sobre los chakras sacral y del corazón.

Ópalo verde: relacionada con los signos de Acuario, Géminis y Capricornio, esta piedra influye sobre el chakra garganta.

Rubí: este cuarzo tiene afinidad con todos los chakras y se relaciona con los signos de Leo, Escorpio y Sagitario; simboliza la sangre. Sus variedades más opacas sirven para la meditación y los tonos más brillantes aportan la energía del fuego para revitalizar el aura. Actúa sobre el sistema circulatorio y el corazón. Gran incentivador de las pasiones, actúa sobre los sentimientos, dejándolos fluir libremente, siempre que estos estén libres de egoísmo.

Topacio: piedra de color amarillo afín a los signos de Aries, Leo y Escorpio. Lo rigen Mercurio y Urano y actúa sobre el chakra plexo solar. Sus virtudes estimulan los centros vitales ayudando al desbloqueo de la mente, favoreciendo la meditación y el desarrollo de las facultades creativas. Saca a la luz la verdad.

Turquesa: vinculada con el plexo solar, recibe influencias de la Luna y Venus y es afín a todos los signos. Su poder resume la fuerza de la Tierra. Brinda equilibrio y vitalidad, auspicia el contacto con la naturaleza, transmitiendo bienestar y salud al organismo, en general. Favorece la meditación, el desbloqueo y la apertura emocional. Esta piedra se relaciona especialmente con el pasado y activa la memoria.

Zafiro: este cuarzo se relaciona con el chakra del entrecejo; está regido por Saturno y Mercurio y es afín a los signos de Géminis, Piscis y Capricornio. Siendo una piedra gemela del rubí, es poseedora de una gran luminosidad, ideal para brindar claridad en la meditación; del mismo modo, es utilizada para desarrollar aptitudes intuitivas. El zafiro color índigo posee una energía única, ideal para la actividad mental, creativa e intelectual.

Bibliografía

Casal, Waldo, *El mágico poder de las velas. Velomancia, rituales y secretos de una práctica milenaria*, Ediciones Florentinas, Buenos Aires, 1999.

Du Bois, Feu, *Las velas y su magia*, Grupo Editorial Tomo, México, 2000.

Fernández, Gustavo, *Ceromancia. Fundamentos y simbolismos*, Editorial Siete Llaves, Buenos Aires, 2001.

Innes, Miranda, *The book of Candles*, Dorling Kindersley Inc., Nueva York, 1991.

Oppenheimer, Betty, *El hacedor de velas. Una guía completa para hacer y decorar tus propias velas*, Grupo Editorial Tomo, México, 2000.

Vinci, Leo, *Cómo practicar la magia de las velas. Su simbolismo, unción y rituales*, Edaf, México, 2000.

Índice